개정 증보판

이태석, 낮은 곳에서 진정으로 나눔을 실천하다

개정증보판

이태석, 낮은 곳에서 진정으로 나눔을 실천하다

개정증보판 1쇄 인쇄 | 2020년 9월 7일
개정증보판 1쇄 발행 | 2020년 9월 14일

지은이 | 채 빈
그린이 | 김윤정
펴낸이 | 박영욱
펴낸곳 | 깊은나무

편 집 | 이상모
마케팅 | 최석진
디자인 | 서정희·민영선

주 소 | 서울시 마포구 월드컵로 14길 62 북오션빌딩
이메일 | bookocean@naver.com
네이버포스트 | post.naver.com/bookocean
페이스북 | facebook.com/bookocean.book
인스타그램 | instagram.com/bookocean777
전 화 | 02-325-9172
팩 스 | 02-3143-3964

출판신고번호 | 제 2013-000006호
ISBN 978-89-98822-72-9 (73810)

이 도서의 국립중앙도서관 출판예정도서목록(CIP)은 서지정보유통지원시스템
홈페이지(http://seoji.nl.go.kr)와 국가자료공동목록시스템
(http://www.nl.go.kr/kolisnet)에서 이용하실 수 있습니다.
(CIP제어번호: CIP2020033707)

*이 책은 깊은나무가 저작권자와의 계약에 따라 발행한 것이므로 내용의 일부 또는 전부를
 이용하려면 반드시 깊은나무의 서면 동의를 받아야 합니다.
*책값은 뒤표지에 있습니다.
*잘못 만들어진 책은 구입하신 서점에서 교환해 드립니다.

이태석, 낮은 곳에서 진정으로 나눔을 실천하다

채 빈 지음 | 김윤정 그림

개정 증보판

머리말

나눔이란 다른 사람을 이해하는 것

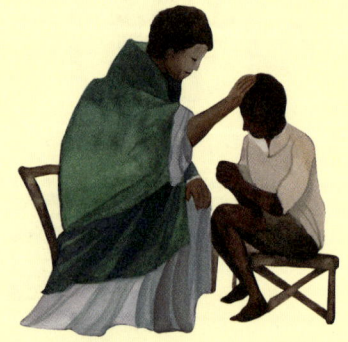

　이 세상에 나눔을 실천하는 사람은 많이 있습니다. 몰래 고아원에 성금을 내놓고 가는 사람도 있고, 외국의 아동을 후원하기 위해 매달 2만 원을 보내는 사람도 있습니다. 또 강연을 하거나, 가난한 아이들의 공부를 돌봐 주는 등의 재능 기부를 하는 사람도 있습니다.

　이 모든 나눔은 모두 그 크기에 상관없이 훌륭하고 소중한 것입니다.

　그런데 이 모든 나눔에서 가장 우선되어야 할 것이 무엇일까요? 돈이 많이 있어야 할까요? 아니면 시간이 많아야 할까요?

　가장 필요한 것은 바로 이해입니다. 다른 사람의 마음을 이해

해야 그들을 도울 수 있습니다. 만약 아프리카 사람들에게 비싼 겨울 외투를 선물한다면 좋아할까요? 아니면 전기도 들어오지 않는 마을에 에어컨을 선물한다면 좋아할까요?

물론 이런 사람은 없겠지요. 하지만 만약 이런 사람이 있다면 그 사람은 남을 이해하지 못한 것입니다. 아프리카 사람의 입장에서 무엇이 필요한지 생각하지 않았기 때문에 나눔을 실천했더라도 그들에게 도움이 되지 못한 것입니다.

이 책에서 소개할 이태석 신부님은 가난하고 병든, 불쌍한 아프리카 사람들을 가장 잘 이해하신 분입니다. 단순히 돈과 물질로 아프리카 사람들을 돕는 것이 아니라 그들의 친구가 되어서 무엇이 정말 필요한지 이해하고 실천했습니다.

이태석 신부님의 이야기를 읽으면서 우리 어린이들이 다른 사람을 어떻게 이해하면 되는지 깨달았으면 합니다. 다른 사람을 이해하면 나눔을 줄 수도 있고, 나눔을 받을 수도 있습니다.

먼저 주변의 친구들에게 눈을 돌려 보세요. 아마도 도움이 필요한 친구가 보일 겁니다. 그렇게 사랑은 퍼져 가는 것입니다.

이태석 신부가 그렇게 했던 것처럼 말이죠.

이태석 신부는 누구?

　이태석 신부님(1962~2010)는 인제대학교 의대에서 외과를 졸업하고 가톨릭 사제가 된 후 아프리카의 남수단, 그중에서도 가장 가난한 마을인 톤즈로 건너가 사랑을 펼치신 분입니다.

　장래가 보장된 직업인 의사를 포기하고 신부가 된 이태석 신부님은 톤즈로 가서 톤즈의 유일한 의사로 활동했습니다. 말라리아가 기승을 부리고, 콜레라가 유행하지만 의사도 약도 없는 그곳에서 스스로 병원을 짓고 가난한 이들을 찾아다녔습니다.

　게다가 수단은 북수단과 남수단으로 나뉘어 전쟁을 치르고 있는 곳이라 매우 위험했습니다. 그래도 신부님은 '가장 가난한 자를 돕는 것이 나를 돕는 것'이라는 예수님의 말씀을 실천하며 톤즈 사람들과 함께했습니다.

가난한 사람을 위해 모든 것을 바치기로 한 신부님은 학교가 없어서 하루 종일 아무것도 안 하는 그곳 아이들을 위해 학교를 지어 꿈을 갖게 했습니다.

그리고 또 전쟁으로 황폐해진 마음을 달래주기 위해 악기를 가르쳐 주고 브라스밴드를 만들어 연주회를 다니기도 했습니다.

톤즈 사람들에게 신부님은 기도를 해주는 신부님이자, 의사, 선생님, 밴드 지휘자였습니다. 그리고 무엇보다도 자신들을 이해하고 희망을 갖게 해주는 사람이었습니다.

그러나 불행하게도 이태석 신부님은 48세의 젊은 나이에 그만 대장암으로 세상을 떠났습니다. 신부님은 죽는 그 순간까지도 가난한 이들에게 더 해줄 것이 없는지를 걱정했습니다.

신부님의 이야기는 다큐멘터리 〈울지마 톤즈〉로 제작되어 많은 이들에게 나눔이란 무엇인가를 깨닫게 해주었습니다. 신부님은 2011년에 국민훈장 무궁화장에 추서되었고, 지금도 톤즈에는 신부님의 뜻을 받드는 병원과 학교가 운영되고 있습니다.

신부님은 톤즈의 실상과 그곳에 살고 있는 사람들을 이해시키기 위해 《친구가 되어 주실래요?》라는 책을 남겼답니다.

차례

머리말 나눔이란 다른 사람을 이해하는 것　4
이태석 신부는 누구?　6

1장　아프리카로 간 엄친아

눈물의 나라　12
바느질 하던 아이　18
몰로카이의 성인　23
의사에서 신부로　28
아프리카로　32
지식창고 최초의 인류와 문명의 발상지　38

2장　우리 신부님은 의사 선생님

기가 막힌 첫날　42
죽은 사람도 살리는 의사　46
무엇이든 내 손으로　53
한국의 슈바이처　59
다미앵 신부님처럼　63
지식창고 평화를 사랑한 사람들과 노예 산업　68

3장 30분만 더 공부할래요

할 일 없는 아이들　72
학교를 짓다　78
펜을 주세요, 사랑을 주세요　84
지식창고 강제로 나뉜 대륙　88

4장 어둠을 밝히는 음악소리

피아노 소리　92
크리스마스 파티　98
브라스밴드를 만들다　102
유명해진 밴드　107
지식창고 세계 대전과 약탈의 역사　112

5장 꼴리 신부님은 지금도 함께해요

행복한 나날　116
노래로 전하는 마음　120
신부님이 떠난 자리에 남은 것　126

6장 꽃이 되고 나무가 되다

첫 번째 씨앗: 토마스 이야기　134
두 번째 씨앗: 존 이야기　140
세 번째 씨앗: 데이비드 이야기　143
네 번째 씨앗: 아케치 이야기　146
다섯 번째 씨앗: 아미라 이야기　149

아프리카로 간 엄친아

 ## 눈물의 나라

어린이 여러분은 '남수단'이라는 나라를 아시나요?

아마도 못 들어 봤거나 들어 보았더라도 정확히 알지 못하는 나라일 거예요. 우리가 잘 알지 못하는 나라, 남수단에는 톤즈라는 도시가 있답니다. 인구가 1만7천 명쯤 되는 작은 도시예요. 도시라고는 하지만 우리나라의 도시처럼 높은 건물이 있거나, 밤에도 환한 불빛이 비추는 그런 곳이 아닙니다. 톤즈는 전기도 들어오지 않고, 당연히 학교도, 병원도 없던 아주 가난한 곳이었어요.

우리나라에 잘 알려지지 않은 이곳에 한 한국인의 사진을 가지고 가면 모두들 얼굴에 웃음을 띠고, 어떤 사람은 보고 싶다며 눈물을 흘립니다. 도대체 어떤 한국인이기에 이곳 사람들이 이렇게 그리워할까요?

그분은 바로 이번 이야기의 주인공인 이태석 신부님입니다.

이태석 신부님은 세상에서 가장 가난한 마을 '톤즈'에서 모든 것을 바쳐 사랑을 전해준 훌륭한 분입니다.

이태석 신부님을 잘 알고 있던 어떤 분은 이렇게 말했습니다.

"사람이 꽃이 될 수 있다는 것을 보여주신 분입니다."

얼마나 아름답게 사신 분이기에 사람을 꽃이라고까지 말할까요?

이태석 신부님은 톤즈 사람들을 돕는다고 생각하지 않았습니다. 도움을 주고 도움을 받는 관계가 아니라 그곳 사람들의 친구가 되려고 한 것이었습니다. 그래서 신부님은 그들을 위해 자신이 희생한 게 아니라 톤즈 사람들로부터 선물을 받았다고 생각했습니다. 신부님이 세상에 남긴 책 제목도 《친구가 되어주실래요》일 정도입니다.

본격적으로 이태석 신부님의 이야기를 시작하기 전에 먼저 남수단에 대해 알아보겠습니다. 가장 가난한 곳을 찾으려 한 이태석 신부님이 그곳을 왜 찾아갔는지 궁금증이 생기니까요.

남수단은 2011년 7월 9일 수단으로부터 독립한 새내기 국가입니다. 유엔에 가입한 193번째 나라니까 나라로서는 막내라고 할 수 있습니다. 막내라고 하지만 귀여운 막내동생 같은 그런 나라는 아닙니다. 남수단은 수단으로부터 독립하기 전까지, 아니 지금까지도 전쟁과 가난 탓에 눈물을 흘리는 나라입니다.

이태석 신부님이 친구가 되기 위해 찾아갔을 때는 아직 독립을 하지 못한 상태였습니다. 수단은 북수단과 남수단으로 나뉘어 치열하게 내전을 벌이고 있었습니다. 우리나라도 6·25 전쟁이라는 아픔을 겪은 적이 있어서 그 마음을 어느 정도는 이해할 수 있을 것 같습니다.

수단은 18세기부터 영국과 이집트의 공동 식민지였습니다. 중동과 가까운 수단 북쪽에는 아랍인들이 많이 살았고, 남쪽에는 아프리카 흑인들이 많이 살았습니다.

14

수단을 지배하던 영국인들은 아랍인들에게는 교육도 시키며 존중해준 반면에 남쪽에 많이 살던 흑인은 노예 취급을 하며 교육도 제대로 시켜주지 않았습니다. 인종차별은 지구에서 사라져야 할 아주 나쁜 범죄이지만 그때는 인종차별을 당연하게 생각하던 시기였답니다.

제2차 세계대전이 끝나고 11년 후 수단은 1956년 식민지에서 벗어나 독립국이 되었습니다. 그러자 교육도 많이 받고 돈도 많았던 북쪽 아랍인들이 주요 직책을 모두 장악하고 남쪽 흑인을 탄압했습니다. 남쪽 흑인들은 독립국이 되었어도 계속 빼앗기기만 했지요.

북쪽과 남쪽은 종교도 달랐습니다. 아랍인이 많은 북쪽은 이슬람교를 믿었고, 남쪽은 토속 종교와 기독교를 믿었습니다. 인종도 다르고, 종교도 다른 상황에서 북쪽 사람에게 모든 것을 빼앗기고 있는 상황이니 남쪽 흑인들은 분노했습니다. 그래서 결국 남수단과 북수단으로 나뉘어 전쟁이 벌어졌습니다.

수십 년간 이어진 전쟁 때문에 200만 명이라는 엄청난 사람이 죽었습니다. 특히, 북수단이 가진 좋은 무기와 전투기 폭격 때문에 남수단 사람들이 많이 죽었습니다. 전쟁을 치르느라 어린이들도 책 대신 총을 손에 잡아야 했습니다.

전쟁 탓에 아프리카에 퍼진 총은 또 다른 비극을 낳았습니다. 남수단은 부족 간 전투가 잦은 편이었는데, 총을 구할 수 있게 되면서부터 서로를 쉽게 죽이게 되었습니다. 예전이라면 상처만 남고 끝났을 싸움이 수많은 목숨을 앗아가는 잔인한 전투로 바뀐 것입니다.

전쟁은 가난한 나라를 더욱 가난하게 만들었습니다. 입고 먹을 것을 만들어도 모자란 시간에 전쟁만 하고 있었으니까요. 총알은 있어도 먹을 것은 없는 그런 나라가 남수단이었습니다.

2011년에 국민투표로 남수단이 수단으로부터 분리 독립을 했지만 여전히 그 싸움은 그치지 않고 있습니다. 바로 기름 때문이지요. 남수단에서 석유가 많이 나오는데, 기름을 운송할 수 있는 시설은 북수단에 있었습니다. 그래서 그 석유에서 나오는 이익을 누가 차지하느냐를 두고 다시 다투고 있는 것입니다.

전쟁과 가난으로 가장 피해를 보는 사람은 누구보다도 어린이입니다. 이태석 신부님은 1999년에 선교를 하기 위해 아프리

 16

카 답사를 했는데 우연히 다른 신부의 요청으로 남수단의 톤즈를 방문했다 너무나 비참한 광경을 보았습니다. 전쟁과 가난에 지쳐서 삶의 의욕을 잃은 채 사람들이 아무 곳에나 쓰러져 있는 마을, 교육을 받아야 할 아이들은 배울 학교가 없어서 하루 종일 멍하니 앉아만 있는 마을, 치료만 받으면 살 수 있는 가벼운 병에 걸려서도 매일 사람이 죽어나가는 그런 마을이 바로 톤즈였습니다.

이태석 신부님은 그때 알았습니다. 자신이 다시 이곳으로 돌아올 것이란 것을 말이죠.

# 바느질 하던 아이

    이태석 신부님은 1962년 부산의 남부민동에서 태어났습니다. 남부민동은 하늘에 떠 있는 달과 가깝다고 해서 달동네라고 불리는 곳입니다. 가난한 사람들이 산자락에 모여 사는 동네죠. 그래도 우리나라 1호 해수욕장인 송도해수욕장이 근처에 있고 부산항이 내려다 보여서 경치는 좋습니다.

    태석이 태어났을 때는 벌써 누나가 여섯에 형이 두 명 있었습니다. 나중에는 남동생도 한 명 태어나서 10남매가 되었습니다.

    어머니가 오래전부터 천주교를 믿었기 때문에 10남매는 모두 성당을 다녔습니다. 성당은 아이들의 놀이터나 다름없었습니다. 열 명이나 되는 형제, 자매들이 있으니 무서울 것이 없었죠.

가난했지만 행복한 가정에 그림자가 드리우기 시작한 것은 태석이 초등학교 2학년 때입니다. 그만 아버지가 돌아가신 것입니다. 그 슬픔은 거대했지만 어머니는 슬퍼하고만 있을 겨를이 없었습니다. 10남매를 먹여 살리려면 어떤 일이라도 해야 했습니다.

어머니는 성당과 자갈치시장, 국제시장에서 바느질거리를 받아와서 삯바느질을 하며 어린 아이들을 돌보았습니다.

"엄마, 저도 도울게요."

"저도 바늘 주세요."

착한 10남매는 틈만 나면 어머니를 도와 바느질을 했습니다. 어머니는 가서 공부나 하라고 눈을 흘기면서도 기분이 나쁘지만은 않았습니다. 태석이도 이때 바느질을 배웠습니다.

태석은 어린 시절에도 다른 사람을 도와야 한다는 의무감이 대단했습니다. 집 근처에 고아원이 있었는데, 그 고아들이 불쌍하다며 같이 살겠다고 할 정도였습니다. 또 어머니에게 배운 바느질 솜씨를 불쌍한 사람을 위해 발휘하기도 했습니다.

어느 날 태석의 동네에 거지가 한 명 찾아왔습니다. 다 같이 가난한 동네라서 거지에게 줄 것도 별로 없었습니다.

태석은 문틈으로 거지를 유심히 쳐다보았습니다. 거지는 말 그대로 거지꼴이었습니다. 아직 바람도 쌀쌀한데 바지에 구멍마저 크게 나서 더욱 추워보였습니다.

"어머니, 나 바느질함 좀 가지고 나갈게요."

태석은 어머니에게 말하고 구석에 있던 바느질함을 들고 밖으로 나갔습니다.

"아저씨, 잠깐만 기다리세요."

거지는 조그만 아이가 자신을 부르자 깜짝 놀랐습니다. 아이들은 보통 거지를 보면 놀리고 달아나곤 했거든요.

"날 부른 거니?"

거지 아저씨가 묻자 태석은 초롱초롱한 눈을 굴리며 말했습니다.

"아저씨, 바지 좀 벗어주세요. 제가 꿰매드릴게요."

거지 아저씨는 머뭇머뭇 하면서도 바지를 벗어서 주었습니다.

태석은 어머니에게 배운 바느질 솜씨로 거지 아저씨의 바지

를 야무지게 꿰맸습니다. 거지 아저씨는 흡족한 듯 바지를 입고 미소를 지었습니다.

　먼발치에서 태석을 바라보던 어머니의 입가에도 미소가 떠나지 않았습니다. 처음에는 좀 당황했지만 남을 배려하는 태석의 모습에서 왠지 모를 기쁨을 느꼈기 때문입니다.

　태석은 자라면서 점점 총명해졌습니다. 학교 공부에서는 국어, 산수를 가리지 않고 제일 잘한다는 '수'를 받았습니다. 운동도 잘했고, 음악도 잘했습니다. 이렇게 잘하는 아이를 보면 친구들이 시기를 할 만한데 태석이 워낙 친구들에게도 친절하다 보니 모두 잘 어울렸습니다.

　활달한 성격의 태석에게는 어릴 때부터 드나

들던 성당이 놀이터나 다름없었습니다. 그곳에서 본 신부님의 모습은 엄숙하지만 멋지게 보였습니다. 신부님이 미사를 집전할 때 옆에서 신부님을 도와주는 사람을 '복사'라고 합니다. 태석은 복사가 되고 싶어서 신부님을 조르기도 했습니다.

똑똑한 태석이었지만 그때까지는 철없는 어린아이였습니다. 신부님에게 졸라서 복사가 된 후에도 미사 시간에 장난을 치기도 하고, 틈만 나면 뛰어놀기 바빴습니다. 아직 앞으로 자신이 어떤 사람이 될지 알 수 없었죠.

그저 재미있는 곳이라고만 생각했던 성당에서 어느 날, 태석은 아주 큰 충격을 받습니다.

5학년 때 신부님이 성당에서 보여준 영화 〈몰로카이의 성인〉이 바로 그 이유였습니다.

 ## 몰로카이의 성인

〈몰로카이의 성인〉은 다미앵 신부의 실화를 영화로 만든 것입니다.

다미앵 신부는 1840년 1월 3일 벨기에에서 태어났습니다. 농사를 짓던 다미앵의 가족은 태석의 가족과 마찬가지로 모두 신앙심이 깊었습니다. 두 누나는 모두 수녀였고, 형 또한 사제였습니다.

다미앵은 형을 따라 수도회에 입회해서 신부가 되는 길을 걸었습니다. 원래 형이 하와이로 선교를 가기로 되어 있었으나 몸이 약한 형 대신 다미앵이 하와이로 선교의 길을 떠납니다.

당시 하와이에서는 한센병이 창궐하였습니다. 한센병은 나균이라는 균이 몸속으로 침투해서 걸리는 병인데 주로 피부와 손가락 발가락 같은 말단 부위에 증상이 나타납니다. 한센병에 걸리면 피부에 감각이 없어지고, 그 때문에 상처가 생겨도 잘 모르게 됩니다. 치료를 제때하지 못하면 피부가 썩은 듯 보이고 손가락이나 발가락이 문드러지게 됩니다.

예전에는 한센병에 걸리면 하늘이 내린 벌이라고 보았고, 근처에만 가도 전염되는 줄 알았습니다. 그래서 한센병에 걸린 환자들을 따로 격리했습니다. 우리나라도 일제강점기에 한센병에 걸린 환자들을 소록도라는 섬에 가두고 제대로 치료도 해주지 않았던 아픈 역사가 있습니다.

하와이에서도 마찬가지 일이 일어났습니다. 성경에서 한센병을 벌이라고 표현했기 때문에 사람들이 겁을 먹고 환자들을 제대로 치료하지 않은 채 몰로카이란 섬으로 쫓아버린 것입니다.

몰로카이는 하와이 제도에 속해 있는 아주 척박한 섬이었습니다. 그곳에서 환자들은 쓸쓸히 죽어가는 것밖에 다른 방법을 찾을 수 없었습니다. 치료제가 잘 발달되어 있는 현재 같으면 상상도 할 수 없는 일이었죠.

다미앵 신부는 한센병 환자들을 주목했습니다. 아무에게도 보살핌을 받지 못한 그들을 보살펴 주는 일을 운명이라고 생각했습니다. 다미앵 신부는 다른 사람들은 근처에 오기도 꺼려하는 한센병 환자에게 먼저 다가가서 상처를 닦아주고 고름을 손으로 짜주었습니다. 용기를 잃고 하루하루 죽을 날만 기다리고 있는 사람에게는 기도를 해주었습니다.

다미앵 신부는 신부가 되기 전에 건축업자를 따라다니면서 집 짓는 법을 배운 적이 있었습니다. 다미앵 신부는 그 기술을 마음껏 발휘했습니다. 추위에 떠는 환자가 있으면 집을 지어주었고, 사망한 사람이 나오면 관을 짜주었습니다. 또 직접 교회를 지어서 기도할 수 있도록 했습니다.

그러나 한센병 환자들은 다미앵 신부를 믿지 않았습니다. 그저 동정이라고만 생각한 것입니다. 어차피 떠날 사람이 잠시 머물면서 착한 척하는 것이라고 생각했죠.

다미앵 신부는 기도했습니다.

"나도 저들과 같은 병에 걸리게 하시어, 저들과 함께할 수 있도록 해주세요."

다미앵 신부는 한센병 환자들에게 다가가고 싶어서 자신도 한센병에 걸리기를 바랐습니다.

그러던 어느 날이었습니다. 다미앵 신부가 뜨거운 물을 옮기다가 그만 발에 쏟고 말았습니다. 그런데 뜨겁지 않았습니다.

다미앵 신부는 자신이 소원하던 한센병에 걸린 것을 알았습니다. 한센병의 특징 중 하나가 감각이 없어지는 것이기 때문입니다. 다미앵 신부는 슬프다기보다 기뻤습니다. 드디어 그렇게 사랑하던 한센병 환자들과 같은 몸이 되었기 때문입니다.

다미앵 신부는 한센병에 걸린 후 4년간을 더 한센병 환자들과 지내다가 숨졌습니다.

몰로카이섬 칼라우파파 선착장에 세워진 추모 십자가에는 하와이인들이 그를 기리는 문구가 새겨져 있습니다.

"사람이 친구를 위하여 자기 목숨을 버리면 이에서 더 큰 사랑이 없느니라."

태석은 영화를 보고 큰 충격과 감동을 받았습니다.

'저렇게 행복한 삶이 있다니.'

태석은 그때까지는 몰랐습니다. 자신이 다미앵 신부와 똑 닮은 인생을 살 것이라는 것을 말이죠.

 ## 의사에서 신부로

〈몰로카이의 성인〉을 본 이후부터, 아니 사실은 성당에 놀러 다니기 시작한 그때부터 태석의 꿈은 신부가 되는 것이었습니다. 성당에 있으면 마음이 편했고, 남을 돕는 일은 적성에 딱 맞았습니다.

"태석아 이 문제는 어떻게 푸는 거야?"

친구들은 태석이에게 수학 문제를 들고 와서 묻고는 했습니다. 태석에게는 남을 돕는 것 말고도 또 하나의 뛰어난 재능이 있었습니다. 그것은 바로 공부였습니다. 그도 그럴 것이 태석은 학교가 끝나면 성당에 딸려 있는 공부방으로 매일 달려가서 공부를 했기 때문입니다. 태석이 살던 동네는 가난한 아이들이 많아서 따로 공부를 할 만한 장소가 없었습니다. 그래서 성당에서 아이들을 위해 공부방을 만들어 주었던 것입니다.

머리도 똑똑한 데다 성당을 좋아해서 매일 공부방으로 달려갔으니 공부를 잘할 수밖에 없었습니다.

남을 돕기도 좋아해서 친구가 모르는 것을 물어보면 성심성의껏 알려 주었습니다. 다른 사람에게 설명을 해주면 공부를 잘하게 된다고 하지요? 태석은 그 당시에 스스로 공부 방법을 깨우쳤던 것입니다.

"저는 수도원에 들어가서 신부가 되겠습니다."

태석이 고등학교 1학년 때입니다. 두 살 위의 형이 수도원에 들어가서 신부가 되겠다고 선언했습니다.

어머니는 반대하지는 않았지만 매우 언짢아했습니다. 어머니도 신앙심이 매우 깊은 분이었지만, 자식은 고생하지 않고 살기를 바랐기 때문입니다. 수도의 길이 매우 험난하다는 걸 잘 알고 있기 때문에 더욱 섭섭했습니다.

신부가 되는 꿈을 가지고 있던 태석은 차마 입 밖으로 말을 꺼내지 못했습니다. 어머니가 실망하실 것 같았기 때문입니다. 어렸을 때부터 고생하시며 길러주신 어머니의 은혜를 조금이라도 갚고 싶어서, 신부가 되겠다는 꿈을 접어야 했습니다.

"어머니 합격이에요."

태석은 인제대학교 의과대학에 입학했습니다. 어머니는 태석의 합격 소식에 뛸 듯이 기뻐했습니다. 태석은 기뻐하시는 어머니의 모습을 보고 대학을 우수한 성적으로 졸업해서 훌륭한 의사가 되어 어머니를 편하게 해주어야겠다고 결심했습니다.

태석의 대학 생활은 매우 활기찼습니다. 음악을 좋아하던 태석은 음악 대회에 나가서 상을 받기도 했고, 친구들과 운동을 하며 우정을 나누었습니다. 평범한 대학 생활을 하던 태석은 군의관으로 군대에 갔습니다. 군의관이란 군대에서 의사 역할을 하는 장교를 말합니다.

제대를 얼마 안 남기고 부대 근처에 있는 성당을 찾았을 때였습니다. 자주 찾던 성당이었기에 매우 익숙했지만 왠지 모르게 가슴 한쪽이 답답한 느낌이 들었습니다.

'무엇인가 해야 할 일이 있는 것 같은데…….'

그런 마음은 쉽게 가라앉지 않았습니다. 태석은 성당 앞에 걸려 있는 십자가를 보았습니다. 그리고 큰 깨달음을 얻은 것 같았습니다. 지금까지 그곳에서 누군가 자신을 기다리고 있다는 것을 알았습니다. 그분은 하느님이었습니다.

그렇게 바라던 성직자의 길을 가기로 결심이 선 태석은 어머니를 떠올렸습니다. 의과대학에 합격했다고 했을 때 기뻐하시던 어머니를 생각하니 더더욱 그랬습니다.

태석은 제대한 후 떨어지지 않는 입을 겨우 떼어서 어머니에게 말했습니다.

"어머니, 저는 신부가 되어야겠습니다."

어머니는 하염없이 눈물을 흘렸습니다. 이미 아들 한 명이 신부가 되었고, 딸 한 명은 수녀가 되었는데 의사가 되겠다던 태석마저도 성직자가 되겠다고 하니 눈물이 그치지 않았습니다.

남을 위해 살겠다는 태석이 기특하기도 했지만 눈물이 흐르는 것은 어쩔 수 없었습니다.

아프리카로

'그러면 어떤 수도원에 들어갈까?'

신부가 되기로 결심한 태석은 여러 수도원을 알아보았습니다. 이왕 신부가 되기로 한 거라면 자신을 가장 필요로 하는 곳에 가고 싶었습니다.

태석은 여러 수도원을 알아본 결과 살레시오회에 입회하기로 결심했습니다. 살레시오회는 성 요한 보스코 신부가 설립한 수도원으로 어린이와 청소년 교육에 힘쓰는 수도원입니다.

어릴 적에 고아원을 세우는 꿈도 꾸었던 태석으로서는 안성맞춤인 수도원이었습니다.

살레시오회를 세운 성 요한 보스코는 1815년에 이탈리아의 베키라는 작은 마을에서 태어났습니다. 어렸을 때 아버지를 잃은 보스코 신부는 어머니의 믿음 속에서 자라났습니다. 태석도 보스코 신부처럼 어릴 때 아버지를 여의고 믿음이 강한 어머니가 정성껏 키워주셨다는 공통점이 있는 게 기뻤습니다.

당시 이탈리아는 공장이 생기고 산업화가 급속하게 진행되고 있어서 많은 청소년들이 일자리를 찾으러 도시로 올라왔습니다. 시골에서 올라온 청소년들이 쉽게 범죄에 빠지는 것을 보고 보스코 신부는 이들을 돌봐주고 교육시키는 것을 자신의 사명으로 여기게 되었습니다. 그래서 소년들을 위해 기숙사를 세우고 기술과 공부를 가르쳐주었습니다.

또 보스코 신부는 노래하고 춤추는 등의 예술에 능해 사람들이 아주 좋아했습니다. 이 모임이 살레시오회가 되었고, 교황청은 살레시오회를 정식 수도회로 인정해 주었습니다.

태석은 이때까지는 몰랐지만 어렸을 때 보았던 다미앵 신부의 영화처럼, 그리고 보스코 신부처럼 살아가게 됩니다.

어린이 여러분들도 '누구를 보고 꿈을 키우는가'에 따라서 어떤 사람이라도 될 수 있다는 것을 마음속에 깊이 새겨두어야 합니다.

태석은 1991년 살레시오회에 입회해서 광주 가톨릭대와 로마 교황청립 살레시오 대학에서 공부한 후, 2001년 서울에서 사제 서품을 받습니다. 서른일곱 살에 정식으로 신부가 된 것입니다. 스물여섯 살에 신부가 된 보스코 신부도 남들보다 늦게 신부가 되었다는 말을 들었는데 태석은 그보다도 더 늦게 신부가 된 것입니다.

태석이 신부가 된다는 이야기를 듣고 눈물을 흘리셨던 어머니도 그날만큼은 자랑스러움을 감추지 못했습니다.

"전 이제 아프리카로 떠납니다."

이태석 신부에게는 이미 계획한 일이었지만 가족에게는 폭탄 같은 선언이었습니다.

이태석 신부의 누나는 한국에도 도움을 줄 일이 많이 있다며 만류했지만 이태석 신부의 뜻은 확고했습니다.

"그곳에는 아무도 가려는 사람이 없기에 저라도 가야 합니다."

1999년 선교 여행을 떠났던 톤즈를 이태석 신부는 잊지 못했답니다. 자신의 작은 손으로도 큰 도움이 될 수 있는 곳에서 신

부로서의 사명을 다하고 싶었습니다.

　사실 이태석 신부는 선교 여행을 하다가 말라리아에 걸려서 죽을 고비를 넘긴 적이 있었습니다. 그래서 사람들은 그곳을 다시는 가지 않을 것이라 생각했습니다.

　하지만 이태석 신부는 달랐습니다. 그렇게 아픔이 많은 곳이기에 꼭 가야만 하는 것이었습니다.

　"꼭 가실 겁니까?"

　"하느님이 부르시는 곳이라면 꼭 가겠습니다."

　어머니도 마음이 아팠지만 한마디 말로 그 아픔을 떨어냈습니다.

　"제가 아무리 울어 봤자 하느님을 이길 수 있나요?"

　이태석 신부는 2001년 사제 서품을 받고 그해 11월 아프리카 톤즈로 떠납니다.

최초의 인류와 문명의 발상지

어린이 여러분은 아프리카에 대해 얼마나 알고 있나요? 가난한 흑인들이 살고 있는 더운 곳이라고만 알고 있나요? 아니면 얼룩말과 사자가 뛰어다니는 초원이라고 알고 있나요?

아프리카는 우리와 같은 사람이 사는 곳이고, 자랑스러운 역사가 있는 곳입니다. 이태석 신부님이 사랑을 펼쳤던 아프리카에 대해 조금 더 알아보도록 합시다.

아프리카는 세계의 여섯 개 대륙(아시아, 아프리카, 유럽, 북아메리카, 남아메리카, 오세아니아) 중 아시아의 뒤를 이어 두 번째로 넓은 대륙입니다. 아프리카에는 50개가 넘는 나라가 있으며 8억5천만 명이 살고 있습니다. 북쪽에는 사하라 사막이 대륙의 3분의 1을 차지하고 있는데 사하라 사막의 크기만 우리나라의 90배가 넘습니다.

과학자들은 인류의 유전자와 화석 등을 분석해서 세계 최초의 인류는 아프리카 동쪽에서 생겨났다고 밝혔습니다. 20만 년 전에 나타난 호모 사피엔스는 10만 년 전에 아프리카 대륙을 떠나 중동아시아, 유럽, 아시아 쪽으로 이동했고 1만5천 년 전에는 아직 땅으로 연결되어 있던 아메리카 대륙까지 건너갔습니다. 그러니까 아프리카는 전 인류의 고향과 같은 곳입니다.

　수렵과 채집 생활을 하던 인류는 약 1만 년 전부터 농사를 짓고, 동물을 키우며 한 곳에 정착해서 살기 시작했는데, 이때부터 문명이 생겨나기 시작했습니다. 세계 최초의 문명은 아프리카의 나일 강을 따라 생겨났습니다. 세계에서 가장 긴 강인 나일 강 근처는 강이 싣고 온 여러 가지 퇴적물 덕분에 땅이 비옥했고, 식물을 키우는 데 반드시 필요한 물을 쉽게 구할 수 있었습니다. 이런 환경에서 고대 문명 중에서 가장 화려했던 이집트 문명이 기원전 3000년경에 아프리카 북부에서 시작되었습니다.

　태양신을 받드는 이집트 문명은 피라미드로 유명한데, 이미 이때부터 문자를 만들어 사용했고, 1년을 365일로 나누는 등 매우 발달한 문명이었습니다. 이집트가 문명적으로 발달하자 그 영향을 받은 남쪽 아프리카 사람들도 부족을 이루고 고대 국가의 모습을 갖춰 갔습니다. 가장 대표적인 곳이 이태석 신부님이 찾아간 나라 수단입니다. 수단은 이렇게 아프리카에서 매우 이른 시간에 문명을 발전시켰음에도 불구하고 여러 가지 역사적 사정 때문에 지금은 아프리카에서도 가장 가난한 나라가 되었습니다. 오른쪽으로는 아시아가 바로 연결되어 있었고, 북으로는 지중해를 통해 유럽으로 바로 통했기에 세계 모든 곳에 영향을 주며 문명을 꽃피웠던 고대 이집트 문명은 기원전 343년 알렉산드르 제국을 세운 알렉산드로스(영어식으로는 알렉산더) 대왕에게 점령당하며 그 막을 내렸습니다.

우리 신부님은
의사 선생님

 ## 기가 막힌 첫날

　이태석 신부님은 신부가 되기 위해 의사란 직업을 포기했지만 톤즈에서 가장 유용하게 사용할 수 있는 기술은 의술이었습니다. 이 가난한 마을에 의사는 단 한 명도 없었으니까요.
　또 왜 이렇게 벌레는 많은지, 수많은 벌레에 뜯기며 도착한 톤즈의 의료원은 황당 그 자체였습니다.
　의료원이라기보다는 움막에 가까웠는데 안은 어두워서 아무것도 보이지 않았습니다. 예상은 했지만 당연히 전기도 들어오지 않았습니다. 의료장비라고는 침대 하나가 전부인 의료원을 쳐다보고 있자니 자신만만하던 이태석 신부님도 아무 생각이

나지 않았습니다.

'휴, 이제 무엇을 하지?'

그런 생각을 하고 있는데, 그 생각을 날려버릴 사건이 일어났습니다.

소란스러운 소리가 나서 그쪽을 쳐다보니 남자 몇 명이 산모를 담요에 싸서 나타났습니다.

"제발 살려주세요."

한 남자가 그렇게 소리쳤습니다. 산모의 남편인 듯했습니다.

산모는 뭐가 잘못된 것인지 피를 흘리고 있었습니다. 살펴보니 이미 아기는 죽었고 산모의 피가 멈추지 않는 것이었습니다. 얼마나 피를 많이 흘렸는지 산모의 얼굴은 새파랗게 변해 있었습니다.

이태석 신부님은 급히 그곳의 간호사를 불렀습니다.

"혈압계 가지고 와요."

상황이 급하게 돌아가는데도 간호사는 태평한 얼굴로 느릿느릿 움직였습니다. 몇 분이 흘렀는지는 모르겠지만 이태석 신부님의 머릿속에서 수십 년이 지난 것 같은 시간이 흐르고 나서야 간호사가 혈압계를 가지고 돌아왔습니다.

혈압계는 언제 사용한 것인지 먼지가 가득했습니다. 이태석 신부님은 먼지를 훅 하고 불어낸 후 간호사에게 혈압을 재라고 했습니다.

이태석 신부가 맥박을 쟀는데 맥이 아주 희미하게 잡혔습니다. 맥이 희미하다는 말은 심장이 아주 약하게 뛰고 있다는 말입니다.

"혈압은 어때요?"

"정상입니다."

맥도 약하고 눈으로 봐도 위급한 상황이라는 것이 뻔히 보이는데 간호사는 정상이라고 했습니다. 이태석 신부는 그 말을 믿을 수 없었습니다.

이태석 신부는 혈압계를 직접 확인했습니다. 혈압계의 수치는 60을 가리키고 있었습니다. 정상인의 혈압은 80에서 120사이입니다. 혈압은 우리 핏줄 속에서 피가 흐르는 압력을 말합니다. 산모는 피를 너무 많이 흘려서 핏줄에 피가 잘 흐르지 않고 있는 상태였습니다.

'이렇게 위험한 상황을 정상이라고 하다니.'

이태석 신부는 간호사가 어이없기도 하고 화가 나기도 했습니다. 하지만 손을 멈출 수는 없었습니다.

"포도당을 가지고 와요."

간호사는 포도당을 가지고 왔는데 역시 먼지가 소복했습니다. 간호사는 별것 아니라는 듯 먼지만 닦아 내고 포도당을 건네주었습니다. 이태석 신부는 점점 화가 났지만 곧 마음을 가라앉혔습니다. 이 모든 일이 간호사의 잘못이 아니기 때문이었습니다. 지금까지 이들에게 제대로 알려 준 사람도 없었고, 도와준 사람도 없었기에 일어난 일이었습니다. 이제부터 손을 내밀어야 할 사람은 자기 자신이었습니다.

포도당 주사와 함께 피를 멈추기 위한 자궁수축제를 주사해서 겨우 위기를 넘긴 이태석 신부는 땀을 닦았습니다.

톤즈는 그늘도 40도가 넘고, 햇빛이 비치는 곳은 50도가 넘는 엄청나게 더운 곳이었습니다. 도착하자마자 정신없이 환자를 돌보고 났더니 온몸이 땀으로 젖어 있었습니다.

 ## 죽은 사람도 살리는 의사

　처음 며칠간은 이태석 신부님도 정신이 멍했습니다. 이곳 사람들의 문화에서 충격을 많이 받았기 때문이죠.

　남수단에는 꾸즈르라고 하는 무당 겸 의사가 있습니다. 이곳 사람들은 병에 걸리면 의사를 찾기보다 꾸즈르를 찾습니다. 꾸즈르는 환자 앞에서 춤을 추는 것 같은 의식을 치르고 깊게 땅을 팝니다. 그리곤 그 땅 속에 자신이 들어가 얼굴까지 흙을 덮습니다.

　이렇게 하면 환자의 병이 꾸즈르에게 옮겨 가서 꾸즈르가 땅 속에서 고통을 받는 만큼 병이 낫는다고 믿습니다.

신부님은 꾸즈르에게 충격을 받았지만 이곳 사람들의 문화를 존중했습니다. 그렇게 해서 마음이 편해진다면 그것만으로도 환자에게 큰 도움이 된다고 생각했습니다. 신부님은 꾸즈르가 의식을 다 마치고 나면 진찰을 하고 치료를 해주었습니다.

나중에는 꾸즈르와 신부님은 서로 악수를 하고 반갑게 인사를 나눌 정도가 되었습니다.

"의사 선생님을 만나러 가자."

톤즈는 물론 그 근방 지역까지 의사가 왔다는 소문이 자자하게 퍼졌습니다. 이태석 신부는 그 지역의 유일한 의사였습니다.

아무리 헛간 같고 지저분한 진료실이라도 찾아오는 환자들을 내칠 수는 없었습니다. 진료실에 모두 들어갈 수 없어서 진료실 앞 맨 바닥에 환자들이 그냥 널브러져 있었습니다.

환자들은 누더기를 걸치고 있었고 며칠 동안 씻지도 못 하고 있었습니다. 병이 나으려면 깨끗하게 지내야 하는데, 오히려 병원이 더 더러운 것이 아닌가 하는 생각도 들었습니다.

주변을 둘러보면 한숨부터 나오는 환경이었지만 이태석 신부님은 정성을 다했습니다. 다친 곳이 곪아서 고름이 나오는 환자는 상처를 깨끗이 소독하고 약을 발라 주었습니다. 아픈 환자들에게는 약을 주었습니다.

이곳에는 한 번도 치료를 제대로 받아보지 못한 사람이 많았습니다. 어떤 아이는 결핵균이 배로 들어가서 배가 임신한 사람처럼 볼록 튀어나와 있었고, 몸 여기저기에서 고름이 흐르고 있었습니다. 이렇게 될 때까지 치료를 받을 생각도 못했고, 치료를 받을 곳도 없었던 겁니다.

이태석 신부님은 이들을 생각하면 눈물부터 났습니다. 결핵은 영양 상태가 좋으면 치료가 되는 병입니다. 그러나 하루 먹을 것도 없는 이들에게 잘 먹으면 된다는 치료법이 통할 리 없었습니다. 결핵에 걸린 이 소년은 집이 멀어서 진료소 앞, 야외에서 지냈습니다. 이태석 신부님은 열악한 환경 속에서도 소년을 잘 보살펴 주었습니다.

"벌써 상처가 나았어요?"
며칠이 지나고 나서 이태석 신부님은 깜짝 놀랐습니다. 불행

인지 다행인지 이곳 사람들은 한 번도 치료를 받아 보지 못했기 때문에 오히려 약의 효과가 무척 잘 나타났습니다. 도시에서는 병원균도 여러 가지 내성(병균이 약에 익숙해지는 것)이 생겨 점점 더 강한 약을 써야 하는데, 이곳 병원균은 그런 내성이 없었습니다.

하루는 어떤 노인이 실려 왔습니다. 길에서 쓰러졌다는 것이었습니다. 이태석 신부님은 환자를 진료했습니다. 혹시나 말라리아일지도 모르겠다는 생각을 했습니다.

말라리아는 말라리아모기가 옮기는 전염병으로 특히 열대지방에서 많이 발생하는 병입니다. 열이 많이 나고 구토와 빈혈 증상이 나타나는데 1년에 이 병으로 80만 명 이상이 사망하는 무서운 병입니다. 우리나라에서도 예전에는 말라리아가 유행해서 학질이라고 부르며 매우 무서워했습니다. 지금은 우리나라에 말라리아가 멸종된 상태이지만 간혹 해외에서 감염되어 우리나라에 들어오는 경우가 있습니다. 말라리아는 백신이 없어서 완전히 예방할 수가 없고, 예방약은 약 1~2주 정도만 효과가 있습니다. 그래서 톤즈 같이 뜨거운 곳에서도 밤에는 꼭 모기장을 하고 자야 합니다.

말라리아에 걸렸는지 확인을 하려면 피를 검사해야 합니다. 이태석 신부님이 노인의 피를 검사하고 있을 때였습니다.

"신부님, 환자가 죽었어요!"

간호사가 소리쳤습니다. 신부님은 깜짝 놀라 환자에게 달려갔습니다. 그랬더니 정말로 숨을 쉬지 않았습니다.

신부님은 급한 마음에 환자의 가슴을 강하게 누르며 심폐소생술을 시도했습니다. 그러자 심장이 멈췄던 노인이 숨을 쉬기 시작했습니다. 주변 사람들은 눈이 휘둥그레졌습니다. 죽은 사람이 살아나다니요.

이 사건 때문에 이태석 신부님의 소문은 점점 더 멀리 퍼졌습니다. 죽은 사람도 살리는 의사라고 말이죠.

다리가 부러진 아이를 데리고 며칠이나 걸려 신부님을 찾아온 아버지도 있었습니다. 다리가 부러진 것도 고통스러웠을 텐데, 그 다리로 며칠을 걸어온 아이를 생각하니 신부님은 가슴이 아팠습니다.

'조금만 더 시설이 좋으면 이 아픈 사람들을 어루만져 줄 수

있을 텐데.'

하지만 아쉬운 일만 있는 것은 아니었습니다. 배에 결핵균이 침투했던 아이가 신부님의 치료를 받고 회복되었습니다. 아이가 밝은 웃음을 짓자 신부님의 마음도 밝아졌습니다.

또 한 사내는 신부님께 토종닭을 선물했습니다. 바로 신부님이 도착하던 날 피를 많이 흘려서 죽을 뻔한 산모의 남편이었습니다. 이제 산모가 회복되어 집으로 돌아갈 수 있게 되자 고마움을 무뚝뚝하게 표현한 것이었습니다.

이태석 신부님은 베풀면서 느끼는 행복이란 바로 이런 것이구나 하고 생각했습니다. 그날따라 50도가 넘는 마른 땅에서 부는 뜨뜻한 바람도 상쾌하게 느껴졌습니다.

무엇이든 내 손으로

'전기가 들어오면 좋겠는데…….'

신부님은 톤즈에도 전기가 들어오면 좋겠다고 생각했습니다. 냉장고가 필요했기 때문이지요. 신부님에게 냉장고가 필요한 이유는 무엇이었을까요? 시원한 콜라를 마시고 싶으셨을까요? 아니면 아이스크림을 넣어두고 싶으셨을까요?

정답은 약을 넣어두기 위해서입니다. 많은 분들의 도움으로 톤즈에 의약품이 도착하지만 워낙 더운 날씨 탓에 오래 보관하지 못해서 정말 급한 환자가 생겼을 때 약이 없곤 했습니다. 신부님은 그것이 늘 마음 아팠습니다. 아주 간단한 약만 있으면 목숨을 구할 수 있는데, 겨우 냉장고 하나가 없어서 생명을 잃다니 말이지요.

일단 톤즈에서 냉장고를 구입하려면 몇백 킬로미터나 차를 타고 나가야 하고, 냉장고를 구해오더라도 전기가 없어 사용할 수 없었습니다. 냉장고는 24시간 내내 켜 두어야 하는 것이라 기름이 들어가는 발전기를 쓸 수도 없었습니다.

혹시 냉장고 대신 아이스박스에 보관하면 된다고 말하는 친구는 없겠죠? 이곳 톤즈에서 얼음을 구하는 일은 냉장고를 구하는 일보다 더 어렵답니다.

그런데 냉장고를 설치할 수 있는 방법이 생겼습니다. 바로 태양열을 이용하는 것입니다. 톤즈의 하늘에는 항상 뜨거운 태양이 떠 있었으니까요.

한국에서 태양열 전지가 도착하자 신부님은 팔을 걷어붙이고 진료실 지붕 위로 올라갔습니다. 신부님이 전기 기술자도 아닌데 말이죠. 그래도 신부님은 뚝딱뚝딱 잘도 만들었습니다.

"자, 스위치를 올린다."

신부님이 설치한 태양열 건전지의 스위치를 올리자 윙 하는

소리가 났습니다. 냉장고가 돌아가는 소리였습니다. 아직 마음껏 차가운 물을 먹거나 시원하게 에어컨을 켤 수 있을 정도는 아니지만 약이 없어 죽어가는 어린 생명을 살릴 아주 작은 냉장고가 돌아가기 시작한 것입니다.

톤즈는 물이 귀한 곳입니다. 근처에 톤즈강이 흐르기는 하지만 그 물은 동물들도 몸을 씻는 흙탕물입니다. 깨끗한 물을 먹으려면 물동이를 메고 두어 시간을 걸어야 했습니다. 톤즈의 여성들은 매일 몇 시간씩 걸으면서 물을 길러왔습니다. 하지만 급하면 근처에 있는 더러운 물을 마시기도 했죠.

그러던 어느 날 콜레라 환자가 생기기 시작했습니다. 콜레라는 물로 전염되는 무서운 병입니다. 물이 부족한 곳에서 나쁜 물을 먹고 시작된 병은 순식간에 번졌습니다. 콜레라에 걸리면 구토와 설사를 합니다. 그러면서 몸의 수분이 빠르게 빠져나가기 때문에, 환자에게 재빨리 수분을 보충해 주어야 합니다. 그러지 않으면 목숨을 잃을 수도 있습니다.

"내 손이 한 개만 더 있어도 좋겠다."

신부님은 부족한 일손 탓에 한숨을 내쉬었습니다. 신부님 혼자 100명이나 되는 환자를 보살피다 보니 잠을 잘 수도 없어서 며칠을 꼬박 새웠습니다. 제대로 된 병원도 없이 마당에 누워 있는 환자들이 불쌍했지만, 그 환경은 끔찍했습니다. 누운 채로 구토와 설사를 반복하는 환자들 때문에 코를 잡아도 스며들어 오는 냄새는 이루 말할 수 없었고, 어디서 날아왔는지 마당에 파리가 가득했습니다.

"나를 좀 도와다오."

신부님은 신부님에게 공부를 배우는 학생들에게 도와달라고 말했습니다. 그러자 몇 명은 병이 무서워 도망갔지만 학생들은 신부님을 믿고 열심히 도왔습니다. 신부님은 진작 도와달라고 말할 걸 그랬다며 땀을 닦고 오래간만에 미소를 지었습니다.

신부님과 학생들이 열심히 간호한 덕분에 많은 사람들의 목숨을 살릴 수 있었습니다. 그러나 또한 많은 사람들이 목숨을 잃었습니다. 신부님에게는 조금 더 현대적인 병원이 필요했습니다.

신부님은 직접 병원을 지으려 했습니다. 그런데 문제는 병원을 지을 기본적인 물품인 시멘트를 구할 곳이 없다는 것이었습니다. 시멘트를 구하려면 며칠 동안 비포장도로를 달려야 했습니다. 그런데 지금은 그럴 여유가 없었습니다. 신부님은 일단 작은 일부터 시작하기로 했습니다.

신부님과 톤즈 마을 사람들은 흙벽돌을 만들었습니다. 진흙을 네모나게 만든 다음에 햇볕에 말리는 것이 전부였지만 처음 집을 짓는 신부님에게는 아주 훌륭한 재료였습니다. 신부님은 흙벽돌을 쌓아 올려 벽을 만들고, 양철로 지붕을 엮었습니다. 드디어 진료실이 완성되었는데 신부님이 보기에 매우 흡족했습니다. 처음에 도착해서 본 움막 같은 진료실과 비교하면 여간 훌륭한 게 아니었습니다.

이 흙벽돌 진료실에서 환자들을 돌보며 신부님은 본격적으로 병원을 짓기 시작했습니다. 케냐까지 가서 시멘트를 사다 날라야 했지만 드디어 제대로 된 건물이 생긴다는 생각에 마냥 즐거웠습니다.

"쫄리 신부님, 이 벽돌은 어디다 두면 돼요?"

톤즈 아이들은 신부님을 쫄리라고 불렀습니다. 신부님의 영어 이름은 존 리(John Lee)인데 이곳 사람들이 '존리'라고 부르다가 그만 '쫄리'가 되어버린 것입니다. 신부님은 그 이름이 재미있어서 그냥 쫄리라고 부르도록 했습니다.

"벽돌은 이쪽에 쌓아 두어라. 다치지 않게 조심하고."

톤즈의 학생들도 열심히 병원을 짓는 것을 도왔습니다. 다른 이를 위한 것이 아니라 바로 그들, 톤즈 사람을 위한 병원이었으니까요.

그 순간에도 신부님은 빌었습니다. 제발 이곳에 평화가 오게 해달라고. 제발 전쟁이 더 이상 이들이 꾸리는 삶의 터전을 빼앗아가지 말게 해 달라고.

 ## 한국의 슈바이처

　이태석 신부님은 그즈음 한국의 슈바이처라는 별명을 얻게 됩니다. 한 방송국에서 자랑스러운 한국인을 추적하는 다큐멘터리를 찍었는데 이태석 신부님이 그 주인공 중 한 사람이었기 때문입니다.

　신부님은 슈바이처와 비교하는 게 부끄럽다고 했지만 슈바이처와 신부님은 많은 공통점을 가지고 있습니다.

　독일에서 목사의 아들로 태어난 슈바이처는 신앙심이 대단했습니다. 슈바이처는 어릴 때부터 가난한 사람에 대한 관심이 많아서, 왜 가난한 사람이 있는지를 고민했습니다. 그래서 그 고민을 해결하기 위해 신을 배우는 학문인 '신학'을 공부했습니다. 그리곤 다시 철학을 공부했습니다.

슈바이처는 대학교 강단까지 섰지만 가난한 사람이 많은 아프리카로 가야겠다는 생각을 버리지 못했습니다. 그래서 그곳 사람에게 도움이 될 만한 의술을 서른이 넘어서야 배우기 시작했습니다.

슈바이처는 가봉에서 환자들을 돌보기 시작했습니다. 백인 의사가 왔다는 소문에 환자들은 꼬리에 꼬리를 물고 찾아왔고 슈바이처는 하루 종일 환자와 씨름을 해야 했습니다.

1차 대전이 끝나고 독일인이었던 슈바이처는 프랑스인으로 국적을 바꾸고 프랑스 식민지였던 아프리카로 떠납니다. 책을 출간하고 모금 활동을 통해 모은 돈으로 병원을 운영하며 평생을 아프리카에서 보낸 슈바이처는 수많은 아프리카인의 목숨을 구했습니다.

슈바이처는 아프리카에서의 봉사를 인정받아 노벨상을 수상했는데, 노벨상을 수상하러 가면서도 3등칸을 탔습니다. 1등칸이나 2등칸을 탈 것이라고 예상했던 기자들이 슈바이처에게 왜

3등칸에 탔느냐고 묻자 슈바이처는 대답했습니다.

"저는 편안한 곳을 찾아다니는 게 아니라 저의 도움을 필요로 하는 곳을 찾아다닙니다. 특등실의 사람들은 저를 필요로 하지 않습니다."

슈바이처는 그의 말처럼 평생을 자신을 필요로 하는 곳에서 보냈습니다.

슈바이처는 음악적 재능도 뛰어나서 피아노와 오르간을 아주 잘 연주했습니다. 이태석 신부님도 마찬가지로 음악적 재능이 뛰어나 나중에 아이들을 음악의 세계로 이끌게 되는 것을 보면 훌륭한 인물들 간에는 뭔가 알 수 없는 공통점이 있는 것 같습니다.

비록 신부님이 슈바이처처럼 노벨상을 받은 것은 아니지만, 슈바이처 못지않은 신부님의 아름다운 행보는 한국의 슈바이처로 불릴 만한 충분한 자격이 있다고 그를 아는 모두가 생각했습니다.

이태석 신부님이 텔레비전에 출연한 덕분에 한국에도 수단에 대해 관심을 갖는 사람이 많아져 한국 수단장학회가 만들어졌습니다. 한국의 수단장학회가 지금 현재도 수단 어린이들을 돕고 있다는 것은 이태석 신부님이 남긴 또 다른 수확입니다.

다미앵 신부님처럼

　이태석 신부님은 초등학교 때 보았던 〈몰로카이의 성인〉을 아직도 가슴속에 기억하고 있습니다. 한센 환자를 위해 자신이 가진 모든 것, 심지어 생명까지 바친 다미앵 신부가 눈에 선했습니다.

　그래서인지 이태석 신부님은 근방에 있는 한센 환자 마을에 마음이 많이 갔습니다. 지금은 한센병에 대한 약이 좋아져서 예전처럼 '하늘이 내린 병'이라고 말하지는 않지만 아직도 수단에서는 한센병에 걸린 사람들이 따로 마을을 이루고 삽니다.

　전쟁과 가난에 시달리는 톤즈 지역 어디에서나 가난하고 불쌍한 사람은 넘쳐났지만, 한센 환자 마을은 특히 더했습니다. 한센 환자들은 살려는 의지가 없이 죽을 날만 기다리고 있었습니다. 마치 몰로카이를 보는 것 같았습니다.

'나도 다미앵 신부님처럼 이들을 위해 무엇인가를 해야 해.'

이태석 신부님은 병원으로 치료받으러 오는 것도 힘든 한센 환자를 위해 찾아다니며 진료를 해주었습니다. 이들의 마을을 찾아가는 것은 쉬운 일이 아닙니다. 톤즈 사람들은 부족끼리 모여서 숲 속에 삽니다. 게다가 소를 키우는 유목민(여기저기 옮겨 다니며 가축을 키우는 사람)이 많아 마을의 위치가 시시각각 바뀝니다. 비가 많이 오고 나면 풀이 쑥쑥 자라서 길이 모두 없어집니다. 사람 키보다도 큰 풀숲을 헤치고 흩어져 사는 부족을 찾아가는 길은 꽤 위험합니다.

하지만 이들에게 다시 일어설 수 있다는 용기를 주는 일이 더 소중한 일이라고 신부님은 생각했습니다. 한센 환자들은 발가락이 뭉개져서 잘 걷지도 못하기 때문에 신부님이 더욱더 찾아가야 했습니다.

신부님은 한센 환자를 정성껏 치료해주고 기도해 주었습니

다. 그리고 조금씩이나마 음식을 나누어 주었습니다. 나누어줄 수 있는 음식이라고는 수수와 식용유, 소금이 전부였지만 이들에게는 너무나도 고마운 음식이었습니다.

신부님이 정성을 다하자 환자들은 조금씩 변했습니다.

"신부님 어서 오세요."

한센 환자 마을에 가면 아이들이 둘러싸고 환영을 해주었습니다. 신부님을 보고 웃음을 찾기 시작했습니다. 그 모습을 보고 신부님도 기뻤습니다. 오히려 마을 사람들보다 신부님이 이들을 보고 싶어 안달이었습니다. 신부님은 순수한 이들에게 큰 선물을 받은 듯했습니다.

신부님은 자신에게 기쁨을 준 한센 환자들에게 선물을 해주고 싶었습니다. 그러다가 그들의 발을 보았습니다. 한센병에 걸리면 피부의 감각이 없어집니다. 그러니까 다친 줄도 모르고 다니다가 발가락이 다 물러져서 없어집니다. 신발이라도 신고 다니면 좋을 텐데, 이미 발가락이 없어지고 발의 모양이 변한 환자들은 신발을 신을 수도 없습니다. 그래서 계속 다치고 곪아서 고름이 나는 생활이 반복됩니다.

"그래, 저들에게 딱 맞는 신발을 만들어 주자."

신부님은 직접 환자들의 발모양을 그리기 시작했습니다. 종이 위에 발을 올려놓고 본을 뜬 것입니다. 신부님은 그 본을 가지고 샌들을 주문했습니다.

우리가 여름에 신고 다니는 멋진 샌들은 아니었지만 신발을 선물 받은 환자들은 기뻐서 어쩔 줄 몰랐습니다. 이곳에서는 고마움을 종종 노래로 표현하는데, 환자들은 신부님을 위해서 노래를 불러주었습니다.

신부님이 한센 환자들에게 먹을 것을 주고 다정히 대해주자 한센병에 걸렸으면 하는 사람도 있었습니다. 사랑에 굶주려 있는 이들을 보면 신부님은 가슴이 찢어지듯 아프기도 했지만, 이 모든 사람들은 하느님의 사명을 다하는 신부님에게 뜻밖에 주어진 큰 축복이었습니다.

비참하게 사는 이 사람들이 작은 것에 행복을 느끼는 모습을 보고 신부님은 큰 감동을 받았습니다. 이들은 하루하루를 신이 준 선물이라고 생각하고 생활합니다. 레지나라는 환자는 한센병에 걸렸지만 그녀가 인상을 찡그리는 것을 단 한 번도 본 적이 없었습니다.

'나도 다미앵 신부처럼 이 생명이 다하는 날까지 이들을 위해 살리라.'

신부님은 다시 한 번 다짐했습니다.

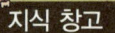
지식 창고

 평화를 사랑한 사람들과 노예 산업

　아프리카는 원래 평화를 사랑하는 사람들이 사는 나라입니다. 국가라는 개념이 없이 부족 단위로 수많은 민족이 모여서 삽니다. 그러면서도 커다란 전쟁은 일어나지 않았습니다.

　아프리카 사람들에게는 우분투(ubuntu)라는 것이 있습니다. 사람은 모두 개인이 아니고 연결되어 있으며 행동 하나하나는 세상에 영향을 준다는 사상입니다. 즉, 남에게 좋은 일을 하는 게 결국 세상과 나를 위해 좋은 일을 하는 것이란 사상입니다.

　넬슨 만델라 남아프리카 공화국 전 대통령도 아프리카에서는 여행을 할 때 여행객이 다른 마을에 가서 밥을 달라고 할 필요가 없다고 했습니다. 여행객이 말을 하기도 전에 밥을 내오기 때문이지요. 단지 그 여행객만을 위한 것이 아니라 그런 행동이 세상을 좋게 만든다는 우분투 정신을 갖고 있기 때문에 행동하는 것입니다.

　아프리카에는 세상에서 가장 오래된 종족인 피그미 종족이 있습니다. 피그미 종족의 언어에는 '전쟁'이라는 단어가 아예 없습니다. 그만큼 아프리카의 종족은 평화롭게 상대를 존중하며 살아왔습니다.

유럽과 중동 아시아에 기독교와 이슬람교가 전파되어 많은 종교전쟁이 일어난 와중에도 아프리카, 특히 사하라 사막 남쪽만큼은 그런 영향을 크게 받지 않았습니다. 하지만 아프리카는 1400년대에 포르투갈 사람들이 상륙하면서 큰 변화를 맞습니다.

처음 아프리카 사람들과 유럽 사람들은 그런대로 좋은 관계를 유지했습니다. 포르투갈 사람들을 맞아준 아프리카 종족은 미개한 원시인이 아니었습니다. 나름의 방식으로 공동체를 구성하고 농사를 지으며 충분한 식량을 생산하던 사람이었습니다.

서로 다른 종족에 대해 신기하게 쳐다보기는 했지만, 서로를 적으로 생각하지는 않았습니다. 그러나 1492년에 크리스토퍼 콜럼버스가 아메리카 대륙을 발견하면서부터 상황은 바뀌기 시작했습니다.

아메리카 대륙에 정착해 농사를 지을 '노동력'이 부족했기 때문입니다. 이때부터 포르투갈이나 스페인 사람들은 부족한 노동력을 메우기 위해 아프리카에서 흑인을 잡아 아메리카와 유럽에 팔기 시작했습니다. 시간이 지나 노예장사가 거대한 돈벌이가 되자, 유럽 각국은 노예를 확보하기 위해 아프리카 대륙으로 몰려들었습니다.

아프리카에서 평화롭게 살던 원주민은 이유도 모른 채 잡혀가서, 달궈진 쇳덩이로 낙인을 찍히고 평생을 노동을 하며 지내게 되었습니다. 수천만 명이 노예로 끌려간 아프리카는 점점 더 가난한 눈물의 대륙이 되어 갔습니다. 이런 노예제도는 산업혁명으로 기계가 노동력을 대체하기 시작한 18세기까지 계속되었습니다.

30분만 더 공부할래요

 ## 할 일 없는 아이들

"이리 가지고 와. 내 것이란 말이야."

"웃기지 마. 내가 먼저 주웠어."

두 아이가 열매 하나를 놓고 주먹이 오고 갑니다. 그런데 이 아이들은 우리가 친구들과 다투는 것보다 더욱 사납고 무섭게 다툽니다. 태어나자마자 가난과 전쟁에 시달린 아이들은 싸울 일이 생기면 상대를 봐줄 줄 모릅니다.

수단은 남과 북으로 나뉘어 끝없는 전쟁을 계속하고 있었습니다. 전쟁은 가장 먼저 보호받아야 할 아이들까지 전쟁터로 내몰았습니다.

여덟 살에서 아홉 살 정도 된 사내아이는 책을 보기도 전에 손에 총을 잡습니다.

아이들이 감당하기에 총은 너무 무겁습니다. 그래서 나무총을 들고 훈련을 받습니다. 심지어는 실제 전쟁터에 나무총을 들고 나가게도 합니다. 전쟁터에 나가면 어차피 아이들이 먼저 죽기 때문에 총이 아깝다는 것입니다. 그럼에도 머릿수가 많으면 상대편이 헷갈리기 때문에 아이들을 앞에 세웁니다. 이렇게 아까운 목숨이 계속 사라집니다.

전쟁을 경험하고 돌아온 아이는 눈빛이 바뀌어 있었습니다. 사람을 사랑하는 방법을 모르기 때문입니다. 그런 눈을 볼 때마다 신부님은 무섭다기보다 안타까움을 느꼈습니다. 사람이 가질 수 있는 가장 위대한 감정인 사랑을 모른다는 것이 안타까웠습니다.

전쟁에서 돌아온 아이뿐이 아닙니다. 톤즈의 아이들은 모두 할 일이 없었습니다. 우리나라의 아이들은 학교도 가야 하고, 학원도 가야 해서 할 일이 너무 많아 걱정인데 말이죠.

톤즈의 아이들은 마땅히 할 일이 없어서 하루 종일 나무 그늘에서 빈둥댔습니다. 신부님은 이대로는 안 되겠다고 생각했습니다. 가난한 이들이 공부까지 하지 않으면 변화하는 것 없이 계속 가난할 것이기 때문이었죠. 신부님은 톤즈의 아이들이 지식을 쌓아 톤즈의 미래를 변화시키기를 바랐습니다.

신부님은 아이들에게 조금씩 공부를 시키기 시작했습니다. 책도 부족하고 공책 같은 것도 없었지만 신부님에게는 열정이 있었습니다.

아이들에게 책을 읽게 하고 얼마 지나지 않았을 때였습니다.

"오늘은 달이 참 밝구나."

하늘에 두둥실 달이 떠올랐습니다. 오늘 따라 달이 더욱 크게 보였습니다. 신부님은 달을 보니 한국 생각도 나고 해서 산책을 하러 밖으로 나갔습니다. 그런데 몇몇 아이들이 옹기종기 모여 있었습니다.

"너희들 거기에서 뭐하니?"

"앗, 쫄리 신부님. 우리 책 보고 있었어요."

"책? 이 밤에 말이냐?"

놀랍게도 아이들은 달빛 아래에서 책을 보고 있었습니다. 우

리나라에서는 부모가 공부하라고 쫓아다녀야 겨우 책을 보는 둥 마는 둥 하는 아이도 많은데 이곳 아이들은 공부에 대한 그리움이 컸습니다.

신부님은 아이들에게 성당을 내어주었습니다. 성당에는 신부님이 태양열 발전을 이용해 달아 놓은 전등이 있었기 때문이지요. 그러나 그것도 전기가 부족해 언제나 불을 밝힐 수는 없었습니다.

"아홉 시까지다."

신부님은 9시까지 성당에서 책을 보는 것을 허락했습니다. 아이들은 앞다투어 성당으로 뛰어 들어갔습니다. 성당이라고 해도 톤즈의 다른 집과 다를 바 없이 누추한 곳이었는데도 아이들이 빽빽이 들어차 책을 읽었습니다.

"자, 이제 불 끌 시간이다."

신부님이 9시가 되었다고 알리자 아이들의 탄식 소리가 이어졌습니다.

"신부님, 삼십 분만 더요."

"조금만 더 책을 보고 싶어요."

신부님은 책을 더 보겠다는 아이들이 기특하기도 했지만 더 이상 시간을 늘려줄 전력이 없었습니다. 하는 수 없이 신부님은 기름으로 돌리는 발전기를 동원해 30분만 더 연장해주기로 했습니다.

'공부가 정말 재미있어.'

한번 재미를 붙이기 시작하자 아이들은 점점 더 공부에 빠져들었습니다. 살레시오회를 만든 보스코 신부가 청소년들을 보호하고 공부를 시키는 데 가장 큰 정성을 기울인 것처럼 이태석 신부님도 아이들을 공부시키는 데 열정을 가졌습니다.

9시 30분까지 공부할 수 있도록 해주었는데도 아이들은 계속 졸랐습니다.

"삼십 분만 더 주세요. 신부님."

신부님은 껄껄 웃었습니다. 공부하게 해달라는 아이들이 마치 아기 새가 엄마 새에게 먹이를 달라고 조르는 것처럼 보였기 때문입니다. 그 모습이 얼마나 귀여운지 신부님은 통 크게 허락했습니다.

"아예 열한 시까지 공부해라."

신부님은 11시까지 그 비싼 기름을 태워 전기를 만들면서도 미소를 잃지 않았습니다.

 ## 학교를 짓다

　이태석 신부님은 어렸을 때를 생각했습니다. 수학을 척척 풀어내고 시간만 나면 성당에 딸린 공부방에서 공부를 했었습니다. 신부님도 이곳 아이들처럼 공부를 재미있게 했던 기억이 있어서 공부를 하고 싶어 하는 아이들의 마음이 모두 이해되었습니다.

　어린이 여러분은 디지털 치매라는 이야기를 들어보셨나요? 조금 어려운 말이죠? 요즘 많은 사람들이 스마트폰을 가지고 다닙니다. 스마트폰에 전화번호도 저장하고, 메모도 하고, 모르는 것이 있으면 바로 인터넷으로 검색해서 찾아보죠. 참 편리합니다. 그런데 너무 편리하다 보니 사람들이 머리를 쓰지 않고 스마트폰에만 의지하게 되었습니다. 친한 친구나 가족의 전화번호도 기억하지 못하고, 새로운 지식이 생겨도 나중에 인터넷으로 찾아본다는 생각에 기억해 두지 않습니다. 이렇게 기억력이 떨어지는 것을 디지털치매라고 합니다.

그런데 톤즈의 아이들은 스마트폰은커녕 공책도 없으니 공부한 것을 모두 머리로 듣고 기억해야 했습니다. 그래서 그런지 가르쳐 주는 것을 바로바로 이해하는 것이었습니다. 신부님은 톤즈의 아이들이 모두 천재가 아닌가 하고 생각했습니다.

'이렇게 똑똑한 아이들이 공부를 못하고 전쟁터에 끌려가다니.'

신부님은 정신이 번쩍 들었습니다.

'하느님이 이곳에 오셨다면 성당을 먼저 지으셨을까, 아니면 학교를 먼저 지으셨을까?'

아무리 생각해도 학교를 먼저 지으셨을 것 같았습니다. 그날 신부님은 학교를 만들어야겠다고 결심했습니다.

사실 신부님이 톤즈에 오기 3개월 전까지만 해도 학교 건물이 있었습니다. 인도 출신인 제임스 신부가 학교를 만들어 아이들을 가르치기 위해 많은 노력을 했기 때문입니다. 그런데 그만 3개월 전에 북수단 전투기가 폭격을 하는 바람에 학교 건물은 뼈대만 남았고, 많은 사람들이 목숨을 잃었습니다.

 아무것도 없는 곳에서 신부님의 새로운 도전이 또다시 시작되었습니다.

 신부님이 처음 시작한 학교는 나무 아래 그늘이었습니다. 그곳에 칠판을 세워놓고 수업을 했습니다. 그러다가 작은 움막을 짓고 수업을 했습니다. 학교는 점점 학교다운 모습으로 바뀌어 갔습니다. 톤즈 주민들이 톤즈강에서 모래를 실어다 주고 학생

들이 벽돌을 쌓았습니다. 필요한 물품이 있으면 수백에서 수천 킬로미터를 왔다 갔다 해야 했지만 전혀 힘들지 않았습니다.

'한국에서 버리는 것의 1퍼센트라도 있었으면 좋겠다.'

아무것도 없는 곳에서 학교를 짓고 있자니 그런 생각이 절로

났습니다. 톤즈는 너무나 황량한 곳이라 목재로 쓸 만한 나무도 거의 없었습니다. 과일나무라도 풍부하면 아이들이 배라도 채울 텐데 망고나무 몇 그루가 전부입니다. 우리는 보통 아프리카라면 곳곳에 바나나가 열리고 사냥할 동물이 뛰어다니는 곳이라 생각하는데 실제로는 먹을 물조차 구하기 힘든 곳입니다.

그렇게 어렵게 학교를 짓고 나니 선생님을 구하는 것도 문제였습니다. 지금은 비록 폭격으로 무너져 내렸지만 톤즈에는 원래 중학교까지 있었기 때문에 중학교 선생님은 구할 수 있었지만, 고등학교 과정을 가르쳐 줄 선생님이 없었습니다.

수천 킬로미터가 떨어진 케냐에 가서 선생님을 구해왔지만 수학 선생님만은 찾지 못했습니다.

"수학은 누가 가르치지?"

"신부님이 가르치시면 되잖아요."

"내가?"

"신부님 공부 못하세요?"

수학은 학교 다닐 때 신부님의 주특기였습니다.

'그래 내가 직접 가르치자.'

의대를 가기 위해 열심히 공부했던 기억을 다시 떠올렸습니다. 신부님은 이제 아이들에게 신부님이자 의사 그리고 수학 선생님이었습니다.

비록 학교 종 대신 가스통이 매달린 작은 학교였지만, 초등학교부터 고등학교까지 전 과정을 공부할 수 있는 학교가 문을 열었습니다. 톤즈 사람들이 신부님에게 감사 인사를 했습니다. 그러나 오히려 신부님은 감사했습니다. 학교를 짓도록 도와준 동료 신부, 한국에서 말없이 후원해준 후원자들에게 감사했습니다. 그리고 누구보다 공부에 대한 열정으로 신부님 자신을 여기까지 이끌어준 톤즈의 아이들에게 감사했습니다.

신부님은 생각했습니다. 자신이 베푸는 것이 아니라 베풂을 받고 있다고.

 ## 펜을 주세요, 사랑을 주세요

이태석 신부님은 케냐와 탄자니아 등 다른 아프리카 나라에 방문한 적이 있었습니다.

케냐나 탄자니아에도 가난한 사람이 많이 있습니다. 그곳 거리를 다니다 보면 아이들이 따라오는데 손을 벌리며 소리를 칩니다.

"먹을 것 좀 주세요."

"돈 좀 주세요."

외국인을 보면 특히 더 구걸을 많이 합니다. 수단으로 국경을 넘어와도 마찬가지입니다. 아이들이 쫓아다니면서 구걸을 합니다. 그런데 신부님은 이상한 점을 느꼈습니다. 다른 나라에서 들리던 소리와는 무엇인가 달랐던 것입니다.

수단의 아이들도 돈과 먹을 것을 달라고 소리치기는 했지만 간간히 다른 목소리가 섞여 있었습니다.

"연필 주세요."

"볼펜 주세요."

이곳 아이들은 먹을 것과 돈 대신에 공부를 할 수 있는 펜을 원했습니다.

공부를 하겠다는 순수한 열정을 가지고 있는 아이들을 보며 신부님은 많은 생각을 했습니다. 아이들이 이렇게 공부를 하고 싶어 하는데 어른이 그 꿈을 지켜주어야 하는 것 아니냐고 말이죠.

신부님이 지은 돈 보스코 학교는 주변에서 가장 뛰어난 학교로 이름을 떨쳤습니다. 그래서 일부러 멀리서 찾아오기도 합니다. 문제는 이렇게 며칠을 걸려서 찾아온 아이들이 잠을 잘 데가 없다는 것이었습니다.

오로지 배우겠다는 의지 하나로 찾아온 아이들을 돌려보낼 수 없었던 신부님은 기숙사 시설을 늘렸습니다.

　기숙사에 들어오면 비록 한 끼 식사지만 매일 식사를 할 수 있습니다. 그리고 밤에도 공부를 할 수 있습니다.

신부님이 이렇게 아이들에게 정성을 다하는 이유가 무엇일까요? 신부님은 공부를 통해 아이들이 미래를 밝히기를 바랐기 때문입니다.

단지 한 아이가 공부를 잘해서 잘 살기만을 바라는 게 아니라, 이 아이가 신부님이 없어도 톤즈의 다른 아이를 가르치고, 또 그 아이가 다른 아이를 그리고 또 다른 아이를 가르쳐 모든 이들이 손에서 총을 놓고 새로운 희망을 품기를 바랐습니다.

신부님은 한 명 한 명 학생증을 만들어 주었습니다. 아이들은 돈 보스코 학교의 학생이 되었다는 사실에 무척 기뻐했습니다.

신부님은 병원에서도 몇 명을 특별히 선발해 간단한 의술을 가르쳤습니다. 신부님이 없더라도 아픈 사람이 나오면 스스로 치료를 할 수 있도록 하기 위해서입니다.

우리 어린이들도 지금 하고 있는 공부가 단지 문제 풀이와 같은 귀찮은 것이 아니라 희망을 키우는 귀중한 과정임을 신부님의 이야기를 통해 꼭 깨달았으면 합니다.

지식 창고

강제로 나뉜 대륙

　18세기 유럽은 산업혁명의 시대를 맞았습니다. 기계가 사람을 대신할 수 있게 되었기 때문에 아프리카에서 노예를 잡아서 팔던 유럽인들은 이제 큰돈을 벌지 못했습니다. 1833년에는 영국이 노예해방 선언을 하고, 1866년에는 미국도 노예해방 선언을 했습니다.

　산업혁명 시대에는 노예보다 자원이 각광을 받기 시작했습니다. 유럽의 많은 나라들이 아프리카에 풍부한 자원에 눈길을 돌렸습니다. 이전처럼 노예를 잡아가는 것이 아니라, 아프리카를 식민지로 삼기 시작했습니다. 포르투갈, 영국, 네덜란드, 독일 등 많은 나라가 아프리카로 몰려가서 그곳에 살고 있는 사람들에게 유럽의 신문물을 강제로 구입하게 하고 그곳의 자원을 헐값에 약탈했습니다.

　우리나라의 독립군이 일본군에 대항했던 것처럼 아프리카의 위대한 추장들도 서구의 침략군에게 대항했지만 신무기로 무장한 군대를 당할 수는 없었습니다. 게다가 유럽 여러 나라가 경쟁이 붙는 바람에 아프리카 땅에서 식민지끼리의 전쟁도 자주 일어났습니다. 이런 전투에 죄 없는 아프리카인들이 끌려가 전쟁을 치러야 했습니다.

전쟁이 심해지자 유럽 여러 나라는 자기들 마음대로 아프리카를 나누었습니다. 아프리카는 이전까지 종족끼리 모여 사는 집단 체제는 갖추고 있었지만 국가라는 개념은 거의 없었습니다. 1884년 독일이 주도해서 아프리카에 국경선을 긋고 대륙을 나누었습니다.

구불구불한 유럽의 국경선과 비교해보면 아프리카의 국경선은 매우 깨끗한 선으로 되어 있습니다. 유럽은 지형이나 민족의 분포에 따라 자연스럽게 국경이 생긴 것인데 비해 아프리카의 국경은 임의로 나누었기 때문에 그렇게 직선이 된 것입니다.

유럽이 이렇게 세계 곳곳에 식민지를 만들어 자원을 빼앗아가는 것을 제국주의라고 하는데, 일본이 이 제국주의에 영향을 받아 조선을 침략했으니 우리와도 매우 관련 있는 역사입니다. 아프리카의 역사는 우리나라의 역사와도 많은 부분이 닮아 있습니다. 때문에 더욱 관심을 가지고 아프리카를 지켜봐야 할지도 모르겠습니다.

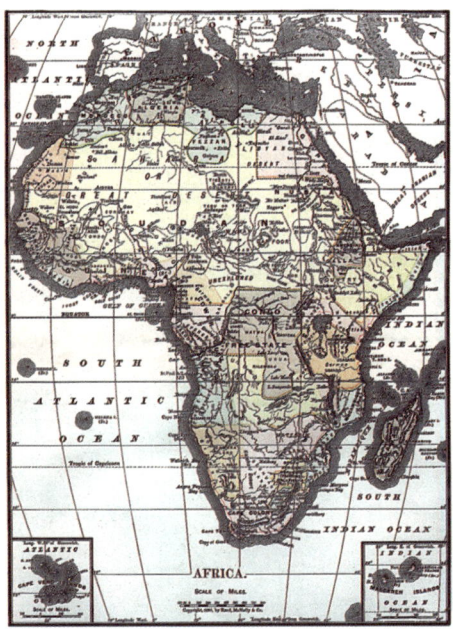
● 1890년의 아프리카 지도

어둠을 밝히는 음악소리

 ## 피아노 소리

　신부님은 톤즈에 오자마자 몸의 상처를 치료해 주는 일이 가장 급하다고 생각했습니다. 그래서 헛간 진료소를 열고 몸을 치료해 주었습니다. 그 다음으로는 지식을 채워 주기 위해 학교를 세워 아이들을 가르쳤습니다. 그러나 아직 마음에 걸리는 것이 있었습니다. 아직도 맑지 않은 아이들의 눈빛이었습니다.

　수단 사람들에게 전쟁은 떼려야 뗄 수 없는 상처입니다. 특히 남수단 사람에게는 그 상처가 더합니다. 수시로 날아오는 북수단의 폭격기에 가족을 잃고 집을 잃은 사람들이 많아서 지금도 어디선가 비행기 소리만 나면 깜짝 놀라 도망을 갑니다.

아이들도 마찬가지였습니다. 소년병으로 끌려가 직접 전쟁에 참가했던 아이도 있었고, 가족을 전쟁에서 잃은 아이도 있었습니다.

신부님의 진료소에 열 살이 조금 넘은 아이가 총에 다리를 맞아서 실려 온 일이 있었습니다. 한국에 있었다면 이제 갓 중학교에 들어갔을 만한 아이였습니다. 그런데 그 아이는 이미 군복을 입고 전투까지 치러 본 군인이었습니다. 신부님의 눈에는 아직 아이였지만 그 아이는 술을 먹고 행패를 부리기도 했습니다. 아홉 살에 군대에 끌려가 너무 많은 고생을 한 탓에 눈물도 흘리지 않았습니다.

이런 환경에서 자란 아이들은 사나웠고, 눈에는 알 수 없는 분노가 이글이글 타오르고 있었습니다. 신부님은 이 불을 끄고 사랑으로 채워 주고 싶었습니다.

신부님은 눈을 감고 어린 시절을 생각했습니다.

'어디서 이런 아름다운 소리가 나지?'

어린 시절 신부님이 어느 집 앞을 지나갈 때였습니다. 담을 넘어 들려오는 아름다운 소리에 걷던 다리가 멈췄습니다. 생전 처음 듣는 아름다운 소리였습니다. 맑고 고운 소리를 내다가 웅장하고 묵직한 소리로 바뀌기도 했습니다.

'나도 이런 소리를 냈으면 좋겠다.'

어린 신부님은 그렇게 생각했습니다. 알고 보니 그 소리는 피아노에서 나는 소리였습니다.

하지만 가난했던 신부님에게 피아노는 하늘의 별 같은 것이었습니다. 바라볼 수는 있지만 집으로 가져올 수는 없었습니다. 신부님은 피아노를 배우고 싶었지만 어머니가 고생하는 모습을 보니 도저히 피아노를 배우겠다고 말할 수 없었습니다.

한숨을 쉬던 신부님은 언제나처럼 성당으로 갔습니다. 그날따라 햇살은 성당 안으로 은은하게 비춰들고 있었습니다. 그곳에서 신부님은 피아노를 발견했습니다.

신부님은 피아노라고 생각했지만 사실 그것은 미사를 볼 때 성가를 반주하는 오르간이었습니다. 둘 다 건반이 달려 있어서 비슷하지만 사실 완전히 다른 악기입니다. 피아노는 현이라는 줄을 때려서 소리를 내는데 비해 오르간은 공기가 관을 통과하

면서 소리를 냅니다. 그래서 소리가 완전히 다릅니다.

어린 신부님에게 그것은 문제가 되지 않았습니다. 피아노를 닮은 오르간은 충분히 훌륭했습니다. 신부님은 혼자서 오르간을 연습했습니다. 학원도 다니지 않고 혼자서 연습해서 몇 개월 후에는 미사를 볼 때 반주를 할 수 있는 수준까지 올랐습니다.

신부님의 재능은 활짝 꽃폈습니다. 손에 닿는 모든 악기는 며칠만 연습하면 연주를 할 수 있게 되었습니다. 노래도 잘했고, 중학교 때는 이미 작곡까지 하는 수준이 되었습니다.

신부님이 작곡한 〈묵상〉이라는 성가의 가사를 살펴보면 신부님이 어릴 때부터 어떤 생각을 했는지를 알 수 있습니다. 수단으로 온 것은 우연이 아니라 신부님의 오랜 계획이란 생각마저 듭니다.

십자가 앞에 꿇어 주께 물었네
추위에 굶주림에 시달리는 이들
총부리 앞에서 피를 흘리며 죽어가는 이들을
왜 당신은 보고만 있냐고

신부님은 추위와 굶주림 그리고 전쟁 때문에 죽어가는 이들을 자신의 사랑으로 보살펴야 함을 이미 알고 있었던 것입니다.

신부님은 의대에 간 뒤에도 계속 음악에 대한 꿈을 키웠습니다. 축제 때는 노래자랑에 나가는가 하면 결혼식 축가도 불렀고, 요즘의 오디션 프로그램과 같은 대학가요제에 나가려고도 했습니다.

이후 사제가 되면서 음악의 꿈을 접었지만 지금 다시 생각해도 신부님의 얼굴에는 빙그레 미소가 떠올랐습니다.

신부님은 결심했습니다.

'그래 아이들에게 음악을 알려주자. 음악으로 얼어버린 마음을 녹이자.'

그렇게 결심하고 나니 신부님은 신기한 기분이 들었습니다. 수학을 잘했던 일, 의대를 갔던 일, 음악에 재능을 보였던 일 등 모두가 지금 이곳 사람들을 위해 하느님이 준비를 해주신 느낌이었습니다.

신부님은 다시 한 번 감사 기도를 드렸습니다.

크리스마스 파티

혹시 '중이 제 머리 못 깎는다'는 속담을 들어보셨나요? 혼자 자기 할 일을 제대로 못 한다는 뜻으로 쓰이는 속담입니다. 그런데 이태석 신부님은 자기 머리를 스스로 깎습니다. 혼자서 모든 것을 해결해야 하는 곳에서 살다 보니 전기 이발기를 가지고 자기 머리를 쓱쓱 깎는 법을 터득했습니다.

또 텃밭을 가꿔서 배추를 수확하기도 합니다. 배추 된장국을 끓여서 고향에 대한 향수를 달랩니다.

무엇이든 혼자서 해결하는 게 익숙해진 신부님이 아이 같이 기뻐하는 날이 있습니다. 한국에서 보낸 물건이 두 달에 한 번씩 케냐를 거쳐 도착하는 날입니다. 이 날이 되면 신부님은 신나게 들판으로 차를 몰고 갑니다.

케냐와 수단 사이가 무척 멀기 때문에 비행기가 들판으로 와서 물건을 전해주고 갑니다. 이 물건 속에는 한국에서 온 편지도 있고, 친구들이 보내주는 고추장, 된장도 있습니다. 또 톤즈에서 구하기 힘든 신선한 감자와 양파도 있습니다.

신부님은 이 작은 보따리에 불과한 선물을 받으면 기분이 무척 좋습니다. 마치 크리스마스 선물을 받은 것 같았습니다.

'이곳 사람들에게 크리스마스와 같은 기쁨의 문화를 알려주었으면 좋겠다.'

신부님의 머릿속에 그런 생각이 떠올랐습니다. 이곳 톤즈는 12월이 되어도 한여름처럼 덥습니다. 게다가 이곳 사람들은 산타 할아버지를 모릅니다. 크리스마스 분위기가 날 리 없습니다.

하지만 신부님은 크리스마스 파티를 준비했습니다. 그동안 여러 도움을 통해서 피리와 기타, 드럼 등의 악기를 들여와 아이들에게 연주를 가르쳤습니다. 덕분에 신부님이 직접 드럼을 치는 작은 밴드가 만들어졌습니다. 밴드는 크리스마스 캐럴을 연습했습니다.

신부님에게 크리스마스 파티는 종교적 행사가 아니라 톤즈 사람들에게 기쁨을 알려 주기 위한 축제였습니다.

여기저기서 구해온 장식품으로 성당을 꾸몄습니다. 산타 할아버지를 그린 그림으로 장식도 했지만 톤즈 사람들의 눈에는 그저 배 나온 할아버지에 불과했습니다.

비록 크리스마스가 뭔지 몰라도 호기심이 생겼는지 성당은 사람들로 가득했습니다.

"실수가 있더라도 귀엽게 봐주세요."

신부님의 사회로 축제가 시작되었습니다. 톤즈의 아이들이 신부님에게 배운 악기로 연주를 하고 캐럴을 노래했습니다. 신부님은 아이들의 재능에 놀라워하며 신나게 드럼을 두드렸습니다. 신부님이 알려준 연주이기는 했지만 이렇게까지 잘할 줄은 몰랐습니다.

아이들의 연주를 얌전히 듣던 톤즈 사람들도 조금씩 어깨를 들썩이기 시작했습니다. 적당히 흥이 오르자 신부님은 무대 앞으로 나섰습니다.

"자, 모두 앞으로 나와서 춤을 추세요."

신부님은 잘 추지도 못하는 춤을 씰룩씰룩 추면서 톤즈 사람들을 이끌어냈습니다. 사람들은 신부님의 조금 이상한 춤을 흉내 내면서 얼굴에 점점 웃음이 번져갔습니다.

모두가 평화롭게 웃고 떠들며 춤출 수 있는 곳. 바로 신부님이 꿈꾸는 곳이었습니다. 햇볕이 뜨거운 한 여름 날씨였지만, 크리스마스의 축복이 성당에 내렸습니다.

브라스밴드를 만들다

　이태석 신부님은 2005년에 잠시 한국으로 휴가를 갔습니다. 한국으로 돌아왔어도 신부님의 머릿속에는 톤즈 아이들 생각으로 가득했습니다.

　신부님은 아이들에게 악기를 알려줄 결심을 한 후부터 많은 생각을 했습니다. 아이들에게 악기를 그냥 알려 주는 것보다 번듯하게 합주를 할 수 있으면 좋겠다는 생각을 한 끝에 브라스밴드를 만들기로 했습니다.

　브라스밴드란 입으로 부는 악기, 즉 트럼펫, 트럼본 등을 기본으로 하고 북과 같은 타악기가 뒤를 받쳐주는 흥겨운 밴드입니다. 축제 때 멋진 군복을 입고 악기를 연주하는 군악대를 본 적이 있나요? 이런 군악대가 대부분 브라스밴드입니다.

하지만 악기를 구하기도 힘든 톤즈에서 브라스밴드를 만들겠다는 신부님의 생각은 무모해 보이기까지 했습니다. 휴가를 맞은 신부님은 한국에서 악기를 구입해 가야겠다고 생각했습니다.

신부님은 주변 사람들의 도움을 받아 악기를 구했습니다. 문제는 이 악기 중에 신부님이 한 번도 연주해 본 적 없는 것들이 있다는 것입니다.

'어떻게 되겠지.'

신부님은 의외로 한 번 생각하면 그대로 밀어붙이는 성격이랍니다. 그래서 악기를 몽땅 들고 톤즈로 돌아왔습니다.

"와, 이게 다 뭐예요?"

"악기들이지. 이건 입으로 불면 소리가 난단다."

트럼펫에서 뿌 하는 소리가 나자 아이들은 신기한 눈으로 쳐다보았습니다. 아이들에게 악기를 나눠준 신부님은 살짝 걱정이 되었습니다. 신부님도 공부를 하면서 악기를 가르쳐야 하는데 아이들은 도레미파솔라시도도 모르는 상태였으니까요.

신부님은 악기 설명서를 보고 하나씩 불어 보고 만져 보며 악기를 익혔습니다. 워낙 음악에 대한 재능이 뛰어난 신부님이라 금세 아이들을 가르칠 만큼 요령을 익힐 수 있었습니다.

걱정은 역시 아이들이었습니다. 아이들이 너무 어렵다고 포기할까 봐 불안한 마음에 가슴이 뛰었습니다. 그러자 기적 같은 일이 일어났습니다. 신부님도 기적이라고 말할 정도였습니다.

아이들은 악기를 알려준 지 며칠 만에 그럴 듯한 소리를 내더니 이내 합주가 가능할 정도까지 연주하기 시작했습니다. 예전에 처음 공부를 할 때처럼 아무것도 없는 상태에서 받아들이는 힘은 놀라웠습니다.

르네상스 시대에 미켈란젤로라는 유명한 조각가가 있었습니다. 〈다비드상〉이 바로 이 조각가의 작품이지요. 이 조각가는 이렇게 말했답니다.

"내가 조각을 하는 것이 아니라 돌 속에 숨어 있는 모양을 끄집어 내는 것입니다."

미켈란젤로의 말처럼 아이들에게 연주 방법을 가르쳐주는 게 아니라 아이들 속에 숨어 있던 음악가를 찾아 내는 느낌이었습니다. 음계를 몰라도 음을 들려 주면 곧잘 따라했고 몇 가지 코드만 알려 주면 기타를 치며 자기들끼리 노래를 부르며 놀았습니다.

신부님은 악기를 가르쳐 주면서도 아이들의 마음이 고와지기를 언제나 바랐습니다. 악기를 배우고 싶어 한다고 무작정 가르쳐 주지는 않았습니다. 한 번도 웃지 않던 아이에게는 착한 마음을 가져야 악기를 배울 수 있다며 웃음을 찾게 해주었습니다.

점점 음악에 열중하면서 신부님이 바라던 아이들의 모습이 나타나기 시작했습니다. 지금까지 한 번도 웃지 않았던 아이는 웃음을 찾았습니다. 눈동자는 호기심에 가득 찬, 아이의 눈동자로 바뀌었습니다.

한 아이는 이런 말을 했습니다.

"총과 칼을 녹여 클라리넷과 트럼펫을 만들었으면 좋겠어요."

아이들은 합주를 하며 음악에 감동을 받아 눈물을 흘리기까지 했습니다. 아이들의 마음속에 전쟁의 고통이 조금씩 물러나며 음악이 그 자리를 채우기 시작했습니다.

물론 아이들의 합주는 전문 음악가가 연주하는 것보다는 실력이 떨어질 것입니다. 하지만 신부님에게 그 합주는 어떤 음악보다 아름다웠습니다. 이 음악을 지킬 수 있다면 무엇이든 할 수 있겠다고 신부님은 생각했습니다.

유명해진 밴드

"자 이 옷을 입어 봐라."

이태석 신부님은 어깨에 술이 달린 화려한 옷을 자루에서 꺼냈습니다. 군복 비슷하게 생긴 그 옷은 바로 브라스밴드의 단복이었습니다.

아이들은 환하게 웃으며 옷을 차려 입었습니다. 서로를 바라보는 눈은 조금 쑥스러운 듯도 했지만 얼굴에 띤 미소를 감추지 못했습니다. 신부님도 옷을 갈아입었습니다.

톤즈 브라스밴드는 이제 유명해졌습니다. 가난한 마을 톤즈에서 밴드를 한다는 사실만으로도 남수단인 전부에게 희망을 주었습니다.

밴드가 유명해지니 초대도 잇따랐습니다. 룸베크는 트럭에 옹기종기 모여 앉아서 가야 하는데 톤즈에서 8시간이나 걸리는 곳입니다. 서울에서 부산도 고속도로를 타고 가면 4~5시간밖에 걸리지 않는데 8시간이나 걸린다니 엄청나게 먼 곳인 것 같죠? 하지만 룸베크는 서울에서 부산 거리의 반의 반 정도밖에 안 되는 가까운 곳입니다. 아프리카의 도로 사정이 워낙 나쁘다 보니 차가 느릿느릿 갈 수밖에 없어서 시간이 그렇게 오래 걸린다고 합니다.

그렇게 느릿느릿 가는 여행도 아이들에게 즐거움이었습니다. 할 일 없이 나무 밑에서 시간만 보내던 아이들에게 자신이 남들에게 무엇인가 해줄 수 있다는 자체가 커다란 즐거움이었기 때문이죠.

게다가 아이들에게 잊을 수 없는 것이 또 하나 있습니다. 그것은 콜라의 맛입니다. 룸베크는 작지만 공항도 있고 2차 대전 이후 남수단의 임시 수도였기 때문에 해외 구호단이나 관광객이 이곳에 들를 때가 많이 있습니다. 그래서 번듯한 호텔도 있

죠. 신부님은 힘들게 연주 여행을 하고 있는 톤즈의 아이들이 고마워서 룸베크의 한 호텔에 데리고 갔습니다. 그곳에서 아이들에게 콜라를 사주었습니다.

"콧속으로 뭐가 들어오는 것 같아요."

"너무 차가워서 못 만지겠어요."

"목구멍이 따끔거려요."

생전 처음 콜라를 마셔본 아이들의 반응은 다양했습니다.

호텔이라 그런지 그곳엔 외국인이 상당히 많이 있었습니다. 그들은 악기를 둘러메고 화려한 옷을 입은 아프리카 소년들이 신기했습니다.

"진짜 연주를 할 수 있니?"

한 외국인이 물어보았습니다. 그러자 신부님이 나섰습니다.

"물론입니다. 지금 여기서 바로 연주를 할 수도 있는데 한 번 들어보시겠습니까?"

주변에 있던 사람들이 박수를 보내주었습니다.

아이들은 마시던 콜라를 옆에 놓고 악기를 풀었습니다. 그리고 신부님의 지휘에 맞춰 신나게 연주를 시작했습니다. 처음에는 신기하다는 눈빛으로 쳐다보던 사람들도 곧 연주에 발맞추며 하나가 되어 즐기기 시작했습니다.

아이들은 연주로 다른 사람을 기쁘게 해줄 수 있다는 게 정말 신기해서 더욱 열심히 연주를 했습니다. 우레와 같은 박수가 터져 나온 것은 당연한 일이었습니다.

또 남수단의 대통령에게 초대를 받은 적도 있었습니다. 이번에도 역시 먼 거리였습니다. 가는 도중 길이 끊어져 중간이 강으로 변한 곳도 있었습니다. 트럭으로는 도저히 건너갈 수 없는 곳이라 아이들은 짐과 악기를 머리에 이고 강을 건넜습니다. 10시간이 넘게 걸려서 행사장을 찾았더니 그곳에는 수만 명의 사람들이 모여 있었습니다. 대통령이 참가하는 행사라 그런지 과연 규모가 대단했습니다.

아이들은 브라스밴드 단복을 입고 줄을 맞춰 앉았습니다. 그러자 모든 사람이 아이들만 쳐다보았습니다. 그렇게 멋진 밴드일 줄은 생각도 못한 것이죠.

몇 아이가 쭈뼛쭈뼛 다가왔습니다. 그러더니 물었습니다.

"너희는 하르툼에서 왔니, 아니면 미국에서 왔니?"

톤즈의 아이들은 어리둥절했습니다. 어디서 왔는지를 물어본 것도 아니고 하르툼 아니면 미국이라고 단정 짓다니요.

나중에 알고 봤더니 브라스밴드가 정말 멋져 보여서 이곳 아이들끼리 내기가 붙은 것이었습니다. 한쪽은 수도인 하르툼에서 왔다고 하고 한쪽은 미국에서 왔다고 자기들끼리 떠들다가 확인을 하러 온 것입니다.

톤즈의 아이들은 그 사실을 알고 깔깔대며 웃었습니다. 그리고 왠지 모를 자부심과 자신도 소중한 사람이라는, 그런 마음이 샘솟았습니다.

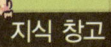
지식 창고

세계 대전과 약탈의 역사

아프리카 대륙이 유럽 강대국의 식민지가 되어 많은 자원을 빼앗기며 점점 더 가난해지고 있을 무렵, 유럽에서는 제1차 세계대전이 일어났습니다.

전쟁의 시작은 오스트리아와 세르비아 사이에서 일어났으나, 유럽 여러 나라들의 이해관계가 얽혀서 유럽은 물론 미국, 러시아 등으로 번져나갔습니다.

이 전쟁은 아프리카까지 영향을 주었는데, 제1차 세계대전 참전국인 독일의 식민지를 영국, 프랑스 등의 상대국에서 탐을 내기 시작했습니다.

결국 식민지 내에서도 전쟁이 일어났고, 200만 명이 넘는 아프리카인이 다른 나라의 전쟁에 끌려 나가서 수십만 명이 목숨을 잃었습니다. 결국 제1차 세계대전에서 독일은 패전해 식민지를 포기해야 했습니다. 독일의 식민지는 영국, 프랑스, 벨기에 등의 나라가 차지했습니다. 역시 아프리카인의 의견은 전혀 듣지 않았습니다.

제1차 세계대전이 끝나고 세계 경제는 대공황(경제가 매우 혼란스러워지는 현상)이 왔습니다. 유럽에서 굶어죽는 사람이 생기자 아프리카의 농산물 약탈이 심해졌습니다.

히틀러가 독일을 장악하고 난 후에는 제2차 세계대전이 벌어졌습니다. 독일은 다시 예진의 아프리카 식민지를 되찾으려 했으나 실패로 끝났습니다. 그 와중에도 식민지 상태였던 아프리카는 많은 전쟁 자원을 빼앗겨야 했습니다.

2차 대전 이후 미국과 소련이라는 새로운 강대국이 세상에 나타났습니다. 이 두 나라는 기존 유럽 강대국이 아프리카의 자원을 독식하는 것을 막기 위해 원칙적으로 아프리카의 각 식민지를 독립시키는 데 합의했습니다.

하지만 아프리카의 아픔은 끝난 것이 아니었습니다. 예전에 유럽 강대국들이 군사력을 앞세워 아프리카를 지배하고 자원을 약탈했다면, 새로운 강대국은 경제력을 이용해서 아프리카의 여러 나라를 지배하려 했습니다. 또 미국이 대표하는 자본주의와 소련이 대표하는 공산주의의 다툼이 새롭게 독립하는 아프리카의 여러 나라 사이에서 끊이지 않았습니다.

우리나라 역시 1945년 제2차 세계대전이 끝난 후 독립을 맞게 되었는데, 소련과 미국이 나라를 남과 북으로 나누어 다스리는 바람에 민족의 씻을 수 없는 상처인 6·25 전쟁이 일어났던 아픈 상처가 있습니다.

아프리카의 신생 독립국들도 우리나라와 마찬가지로 여러 가지 문제를 겪으며 새로운 나라로 태어나게 됩니다.

5장

쫄리 신부님은 지금도 함께해요

 ## 행복한 나날

이태석 신부님이 톤즈에 온 지도 7년이 지났습니다. 그동안 참 많은 것이 변했습니다. 병원이 생겼고, 학교가 생겼고, 브라스밴드도 생겼습니다. 2005년에는 남수단과 북수단이 평화협정을 맺어서 전쟁을 중지하기로 합의도 했습니다. 비포장도로도 말끔히 정비되어 이제 차도 쌩쌩 달립니다. 그 때문에 교통사고라는 안 좋은 일이 늘어나기는 했지만 말이에요.

신부님은 더없이 행복했습니다. 아직 물질적으로 풍요롭지는 않지만 이곳 아이들의 별을 닮은 눈동자만 보고 있어도 매일 선물을 받는 느낌이 들었습니다.

"잠깐 한국에 다녀올 테니까 그때까지 건강하게 있어야 해."

신부님은 2008년 휴가를 얻어 한국에 잠시 다녀와야 했습니다. 아직 톤즈에서 할 일이 많이 있었지만 한국에서 후원회 활동도 해야 하고, 필요한 물품도 구입해야 하고, 그리운 가족들도 만나봐야 했기 때문입니다.

또 신부님은 한국에 올 때마다 예전 의대를 다닐 때 친구였던 의사 동료들을 찾아다닙니다. 신부님은 원래 외과를 전공했습니다. 외과란 주로 상처가 나거나, 다쳤을 때 치료하는 법을 배우는 분야입니다. 그런데 톤즈에서는 신부님이 상처를 봐주는가 하면, 말라리아 환자를 치료해야 했고, 심지어는 애도 받아야 했습니다. 그래서 부족한 의학 지식을 더 배우기 위해 산부인과나 내과를 하는 친구들을 찾아다니며 의술을 배웁니다.

어느 날 만난 친구가 말했습니다.

"아프리카에서 고생을 많이 하나 보지? 얼굴이 수척해졌어."

"요즘 몸이 좀 피곤한 것 같기도 하고."

아닌 게 아니라 신부님도 요즘 부쩍 몸이 피곤하다는 느낌을 받았습니다.

걱정이 된 친구가 말했습니다.

"그러면 종합검진이라도 한번 받아 봐. 건강한 게 우선이잖아."

"그럴까 그럼?"

신부님은 친구의 말을 듣고 종합검진을 받기로 했습니다.

여러 가지 복잡한 종합검진을 마친 며칠 후, 신부님은 검사 결과를 확인하러 병원에 갔습니다. 날도 쌀쌀하고 마음도 왠지 무거웠습니다. 검사 결과를 말해주는 의사 선생님의 목소리도 무거웠습니다.

"신부님, 이런 말씀 드리기 죄송스럽습니다만, 대장암 말기입니다."

우려했던 일이 일어났습니다. 대장암은 대장과 직장 부위에 발생하는 암입니다. 대장암은 일찍 발견하면 수술로 치료가 가능합니다. 그런데 신부님은 말기라 수술로는 치료가 불가능한 상태였습니다.

대장암은 5년에 한 번씩만 내시경 검사를 받아도 예방을 하거나 초기에 발견할 수 있습니다. 그러나 신부님은 톤즈에서 내시경 검사를 받을 엄두를 내지 못했습니다. 신부님 본인이 의사였

118

는데도 그랬습니다.

신부님은 의사 선생님의 말을 듣고 가장 먼저 톤즈의 아이들을 떠올렸습니다.

"톤즈로 돌아가야 합니다. 그곳에 아직 할 일이 남아 있습니다."

의사 선생님은 고개를 흔들었습니다.

"안 됩니다. 이곳에서 계속 약물로 치료를 받아야 합니다."

신부님은 목숨을 잃는 것 자체는 별로 두려워하지 않았습니다. 다만 톤즈에서 자기를 기다릴 아이들을 생각하면 미안한 마음을 감출 수 없었습니다. 그리고 또 한 분이 떠올랐습니다.

사제가 된다고 할 때도 미안한 마음을 감출 수 없었고, 아프리카로 떠날 때도 눈물을 보이셔서 마주보기 힘들었던 그분, 바로 어머니입니다. 다시 한 번 아들이 병에 걸렸다는 사실을 말해야 한다고 생각하니 가슴이 답답했습니다.

노래로 전하는 마음

신부님은 처음에 암이 걸렸다는 사실을 아무에게도 알리지 않았습니다. 그리고 '수단 어린이 돕기 음악회'에 참가해서 웃는 얼굴로 노래를 불렀습니다.

외로움이 없단다 우리들의 꿈속엔
서러움도 없어라 너와 나의 눈빛에
마음 깊은 곳에서 우리 함께 나누자
너와 나만의 꿈의 대화를

신부님이 음악회에서 부른 노래 〈꿈의 대화〉의 가사입니다. 신부님은 톤즈 아이들과 꿈속에서나마 대화를 나누고 싶었습니다.

신부님은 항암치료를 받아야 했습니다. 항암치료를 위해 사용하는 약은 매우 강해서 핏줄이 시커멓게 변하고 머리카락이 빠집니다. 그 과정이 매우 고통스럽고 힘들기 때문에 한 번 치료를 받고 나면 체력을 회복한 다음에야 다시 치료를 받을 수 있습니다. 신부님은 이 힘든 과정을 16번이나 반복했습니다.

신부님의 머릿속에는 톤즈가 있었습니다. 아이들에게 깨끗한 물을 먹게 하려고 파던 우물이 떠올랐습니다.

'빨리 돌아가서 우물을 마저 파야 하는데……'

이런 의지 때문에 16번이나 치료를 받을 수 있었던 것인지도 몰랐습니다.

또 항암치료를 받으면서 수단에서 일어나는 일들과 그곳에 살고 있는 아름다운 사람들을 알리기 위해 책을 썼습니다. 절대 암에 걸렸다는 이야기는 책에 쓰지 않기로 했습니다. 어머니가 암에 걸렸다는 사실을 모르기를 바랐기 때문입니다.

하지만 영원히 감출 수는 없었습니다. 몰래 톤즈로 돌아갔다고 어머니를 속이려고도 했지만 그만 들키고 말았습니다.

소식을 들은 어머니는 하늘이 무너지는 것 같았습니다. 매일 눈물로 지새우면서 아들의 병원을 찾아갔습니다.

신부님은 비록 병에 걸린 것은 들켰지만 더 이상 어머니에게 걱정을 끼쳐드리고 싶지 않았습니다. 병원에 있지만 결코 어머니에게만은 아픈 모습을 보여드리고 싶지 않았습니다.

"어머니 어디까지 오셨어?"

신부님은 병실에 누워 있다가도 간병을 하고 있는 누나에게 어머니가 어디까지 오셨는지 꼭 물어봤습니다. 그러다가 근처까지 다 오셨다는 이야기를 들으면 아픈 몸을 일으키고 옷을 단정히 했습니다. 어머니가 병실 문을 열면 얼굴에 가득 미소를 지으며 맞아 주었습니다.

덕분에 어머니는 신부님이 그렇게까지 아픈지 눈치채지 못했습니다.

하지만 신부님은 날로 몸이 쇠약해져갔습니다. 열심히 노력했지만 암세포가 이미 온몸에 퍼졌습니다. 그 가운데에서도 신부님은 톤즈에서 두 명의 학생을 초청해 한국의 대학교로 유학을 보냈습니다. 남은 모든 힘을 톤즈를 위해 쓰겠다는 생각을 하고 행동으로 옮긴 것입니다.

신부님은 양평의 한 수도원으로 옮겨갔습니다. 그 수도원은 요양을 하기 위해 암환자가 많이 찾는 곳입니다. 신부님은 명랑한 모습을 잃지 않았습니다.

노래를 좋아하던 신부님은 수도원에 찾아온 환자들과 보호자를 모아놓고 노래자랑대회를 열기도 했습니다. 신부님이 밝은 모습으로 노래를 했습니다.

분위기를 띄우기 위해 신부님이 선택한 노래는 성가가 아니라 〈열애〉라는 가요였습니다.

이 생명 다하도록
뜨거운 마음속
불꽃을 피우리라
태워도 태워도
재가 되지 않는

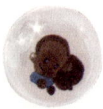

진주처럼 영롱한

사랑을 피우리라

어쩌면 이 노래는 신부님의 각오일지도 모르겠습니다. 가톨릭에서는 선하게 살다가 죄가 없이 죽는 것을 선종했다고 말합니다. 아무리 모든 것을 태우더라도 사랑만은 남기겠다는 노래를 열창하시던 신부님은 그로부터 3개월 후 선종하셨습니다.

 ## 신부님이 떠난 자리에 남은 것

　이태석 신부님이 떠나신 지 1년이 넘었습니다. 신부님이 돌아가셨다는 것을 톤즈 사람들도 이제 알고 있습니다. 하지만 신부님을 잊을 수는 없습니다.
　이태석 신부님을 기리고 싶은 한국의 다큐멘터리 제작팀이 톤즈를 찾아갔습니다. 제작팀이 이태석 신부님의 사진을 보여 주자 아이도, 어른도 모두 눈물을 흘립니다.
　톤즈 사람 대부분은 딩카족입니다. 딩카족은 키가 크고 용맹한 종족으로 유명합니다. 신부님이 악기를 가르칠 때 이런 일이 있었습니다.

아이들에게 트럼펫과 클라리넷 등 불어서 소리를 내는 악기를 나눠 주었는데, 몇 명의 아이들이 소리도 내지 못하는 것이었습니다.

'다른 아이들은 모두 악기를 잘 연주하는데 무슨 일이지?'

신부님은 궁금했습니다. 어느 날 아이들의 입을 살펴보고 나서 신부님은 깜짝 놀랐습니다. 연주를 못하는 아이들은 모두 아랫니가 없었습니다. 이가 없어서 악기를 물지 못했고, 그래서 연주를 할 수 없는 것이었습니다.

딩카족은 성인이 될 때 용기를 보여 주는 방법으로 이마를 칼로 긁어서 상처를 내고 이를 뽑는 전통이 있습니다. 치과에 가서 치료만 받아도 아파서 우는 아이들이 대부분인데 딩카족 아이들은 마취도 없이 생니를 뽑으면서도 눈물을 보이면 안 됩니다. 눈물을 보이면 겁쟁이로 취급받기 때문입니다.

그런 딩카족 아이들이 신부님의 사진을 보며 눈물을 흘린다는 것은 얼마나 신부님을 그리워하는지 보여준 증거와 같습니다.

톤즈 사람들은 신부님이 없다는 것을 알면서도 신부님이 세운 병원을 찾습니다. 신부님이 돌아가셨다는 것을 인정하고 싶지 않아서입니다. 신부님은 말 그대로 이들의 친구였습니다.

한 한센 환자는 잠을 자다가 눈을 뜨면 눈물이 난다고 말하면서 다시 눈물을 짓습니다.

신부님이 돌아올 수 없다는 것을 받아들인 톤즈 브라스밴드는 신부님을 위해 연주를 시작했습니다. 바로 신부님이 알려준 한국 노래였습니다.

사랑해 당신을 정말로 사랑해
당신이 내 곁을 떠나간 뒤에
얼마나 눈물을 흘렸는지 모른다오

신부님은 그렇게 톤즈를 떠날 것을 알고 있었을까요? 신부님이 알려준 가요는 브라스밴드의 마음을 그대로 전해주었습니다.

브라스밴드는 신부님의 사진을 들고 마을을 행진했습니다. 그 뒤를 수많은 톤즈 사람들이 뒤따랐습니다. 최근에 톤즈에서 시위가 많이 일어나서 많은 사람이 모이는 것을 군인들이 금지하고 있었는데, 신부님을 추모하는 행진은 군인들도 말리지 않

았습니다.

신부님의 이야기는 〈울지마 톤즈〉라는 다큐멘터리로 제작이 되었습니다. 이태석 신부님을 몰랐던 많은 사람들이 끝까지 수단인의 친구로 남고 싶어 했던 신부님의 이야기에 눈물을 흘렸습니다.

2011년에는 국민훈장 무궁화장에 추서(죽은 후에 훈장 등을 줌)되었습니다. 국민훈장은 정치·경제·사회·교육·학술 분야에 공적을 세워 국민의 복지향상과 국가발전에 기여한 사람에게 수여하는 영광스러운 상장 같은 것입니다.

물론 신부님이 바라던 것은 훈장이나 상금 같은 물질적인 것이 아니었습니다. 가장 낮은 곳에 있는 사람들의 이야기를 들어주고 싶었을 뿐입니다.

지금도 톤즈에서는 또 다른 이태석 신부님이 열심히 그들의 말을 들어주고 있습니다. 새로운 살레시오회 신부님과 수사 그리고 수녀님들이 톤즈의 아이들을 보살피고 있는 것입니다. 이태석 신부님이 세운 돈 보스코 학교는 지금도 가장 열심히 공부

를 가르치는 학교로 유명합니다. 다른 학교는 선생님이 없을 때도 있고 낮 12시만 되면 수업을 끝내는데 돈 보스코 학교는 언제나 선생님이 있으며 3시까지 수업을 탄탄하게 진행합니다.

한국에서의 손길도 계속 이어지고 있습니다. 신부님과도 인연이 있는 수단어린이장학회 등의 단체가 도움의 손길을 주고 있으니 하늘에서 지켜보고 계시는 신부님도 조금은 마음을 놓으셨을 것입니다.

꽃이 되고 나무가 되다

첫 번째 씨앗
토마스 이야기

열다섯 살이 된 토마스에게는 희망이 없었습니다.

토마스가 태어나기 전부터 벌어진 전쟁 때문에 토마스네 집은 가난했습니다. 아니 마을 전체가 가난했습니다. 아무도 이웃을 도와줄 여건이 되지 않았습니다. 남자 아이들은 전쟁터로 끌려가지 않으면 그나마 다행이라고 생각하고 살았습니다.

토마스는 과학을 좋아했지만 얼마 전 학교도 폭격을 맞고 사라졌습니다. 이제 아이들은 할 일이 없습니다. 먹을 것도 없고 할 일도 없는 아이들은 그늘에 누워서 하루를 버티는 게 할 수 있는 일의 전부라고 생각했습니다.

그런데 그렇게 희망 없이 흘러가 버리던 어느 날, 작은 변화가 일어났습니다. 어디인지도 모르는 나라에서 동양인 신부가 이 가난한 마을 톤즈에 온 것입니다. 이 신부는 좀 이상했습니다. 신부라고 하면 먼저 성경 말씀을 알려주려고 할 텐데, 병원을 만들고 학교부터 지었습니다. 나중에 알았는데 원래 의사였다고 합니다.

이 신부는 자신의 이름을 '쫄리'라고 했습니다.

"토마스, 이제부터 너는 복사 일을 맡아라."

쫄리 신부님은 웃는 얼굴로 말했습니다. 토마스는 신부님이 주말에 예배를 드리는 것을 도와주는 역할을 맡게 됐습니다. 신부님이 아니라, 형 같고, 친구 같은 쫄리 신부님을 옆에서 도와주게 돼서 토마스는 기뻤습니다.

그때부터 토마스는 '나중에 쫄리 신부님 같은 사람이 돼야지' 하고 생각하기 시작했습니다. 희망이 없던 토마스에게 희망이 생긴 것입니다.

쫄리 신부님도 또렷한 눈동자로 쳐다보는 토마스를 마음에 들어 하는 눈치였습니다. 쫄리 신부님은 또 토마스에게 알토 색소폰을 불어보라고 말했습니다. 마을 사람들과 함께 노래를 하려고 하는데 연주할 사람이 필요하다는 것이었습니다. 처음에 친구 몇 명과 시작한 연주단은 열 명에서 삼십 명까지 늘어났습니다.

토마스는 쫄리 신부님은 주변에 행복을 나누어주는 사람이 틀림없다고 생각했습니다. 누구나 쫄리 신부님 옆에 있으면 웃었고 즐겁게 이야기했습니다. 토마스는 쫄리 신부님이 혹시 '천사'가 아닐까 하고 생각하기도 했습니다.

쫄리 신부님이 한국으로 휴가를 간 어느 날이었습니다. 크리스마스 즈음이었는데 토마스에게 전화가 걸려 왔습니다.

쫄리 신부님하고 함께 봉사활동을 하시던 의사 선생님이었습니다.

"토마스, 한국에 와서 공부할 생각이 있니?"

"네?"

토마스는 당황했습니다. 쫄리 신부님 같은 사람이 되고 싶다고 생각은 했지만 그 희망이 이루어지리라고는 상상할 수 없었기 때문입니다. 그런데 알고 보니 쫄리 신부님이 추천해 주신 것이라고 합니다. 토마스는 신부님이 믿어준 것이 고마웠고, 그 믿음을 저버릴 수 없었습니다.

"네, 한국으로 가겠습니다."

토마스는 한국행을 선택했습니다.

그런데 한국에 가서 공부를 시작하니 어려운 일이 이만저만이 아니었습니다. 먼저 한국어를 공부해야 했고, 영어도 공부했습니다. 게다가 의학 용어 중에는 한자도 많기 때문에 한자도 따로 공부해야 했습니다.

그보다 토마스에게는 더 큰 슬픔도 찾아왔습니다. 자신에게 희망을 갖게 해주고, 한국으로까지 이끌어준 쫄리 신부님이 암으로 돌아가신 겁니다. 그러나 토마스는 슬픔에 빠져 있을 시간이 없었습니다. 바로 자신이 쫄리 신부님이 톤즈에 심어놓은 작은 씨앗이라는 것을 깨달았기 때문입니다. 쫄리 신부님 같은 사람이 되려면 더 열심히 공부해야 했습니다.

그리고 2년 후, 토마스는 인제의대에 입학했습니다. 인제의대는 쫄리 신부님이 의술을 배운 곳입니다. 비로소 토마스는 쫄리 신부님과 같은 길을 걷는다는 게 실감이 났습니다.

의대 생활은 힘들었지만, 여러 친구의 도움을 받아 잘 다닐 수 있었습니다. 그곳에는 쫄리 신부님의 동상도 있어서, 신부님이 지켜주신다는 느낌도 받을 수 있어 힘이 났습니다.

　토마스는 한국에서 의술을 배우고 고향으로 돌아가려 합니다. 고향에서 큰돈을 벌 수는 없겠지만, 쫄리 신부님처럼 의료봉사를 하겠다는 생각입니다. 원래 내과를 전공하려 하다가, 수단에 더 필요한 의술인 외과로 바꾼 것도 같은 이유입니다.

토마스는 이제 친구들의 도움으로 의대를 졸업합니다. 졸업식 날 신부님이 함께 계셨으면 얼마나 기뻐하셨을까 하는 생각에 마음이 아팠습니다. 그래도 아직 인턴과 레지던트 과정을 거쳐야 완전한 의사가 되는 것이지만, 쫄리 신부님과 더욱 가까워진 느낌을 받습니다. 토마스는 졸업모를 쫄리 신부님의 동상에 씌워주면서 다짐합니다.

'신부님과 똑같이 살 수는 없겠지만 최대한 비슷하게 노력해 볼게요.'

토마스는 의사 시험에도 합격했습니다.

두 번째 씨앗
존 이야기

    존은 겨우 열한 살에 군인이 됐습니다. 북수단에 맞서 싸우는 수단인민해방군에서 교육을 받으며 소년병으로 키워졌습니다. 수단인민해방군의 캠프는 에티오피아에 있었는데 그곳까지 걸어서 몇 달 동안 이동해야 하는 힘든 나날이 이어졌습니다. 존은 친구들이 질병과 굶주림으로 죽어가는 것을 지켜봐야 했습니다.

    존은 군대에서 영어와 수학을 배운 것이 그나마 다행이라고 생각했습니다. 남수단 아이들은 거의 교육을 받지 못하고 있습니다. 존은 교육이 얼마나 중요한지 느꼈고, '교육받은 사람이 나라의 희망'이라고 믿었습니다.

존은 배움의 길을 가고 싶었습니다. 그래서 존은 친구들과 함께 케냐 북쪽의 난민 캠프로 도망갔습니다. 존은 그곳에서 5만 명이 넘는 난민들과 생활하면서 배움의 끈을 놓지 않았습니다. 존은 난민 캠프에서 고등학교 과정까지 마쳤습니다.

존은 신부가 돼 수단에서 봉사를 해야겠다고 생각했습니다. 존은 이때까지 이태석 신부님을 몰랐지만 신부님들이 수단을 위해 많은 일을 한다는 것은 알고 있었습니다.

존은 나이로비와 로마에서 신학 교육을 받고 2010년 드디어 사제가 됐습니다. 존은 딩카족 최초의 사제가 된 것입니다. 1년에 우리나라 돈으로 1만5000원이 없어서 학업을 포기하는 학생을 위해 일하기로 마음먹은 존은 수단으로 돌아왔습니다.

존은 사제 서품식에 한 밴드가 와서 축하를 해줬습니다. 바로 이태석 신부님이 톤즈에서 결성해, 악기를 손수 가르쳐준 '돈 보스코 밴드'였습니다. 존은 그 밴드의 음악을 들으며 생각했습니다.

'저들이 할 수 있다면 나도 할 수 있다. 내가 바로 그 희망의 증거가 돼야겠다.'

아마도 이태석 신부님이 남수단 톤즈에 남기신 씨앗은 이런 것이었을 겁니다. 남수단 사람들이 스스로 일어나 자신을 행복하게 만들어가는 것. 그 씨앗이 조금씩 발아하고 있습니다.

세 번째 씨앗
데이비드 이야기

영국에서 태어난 데이비드는 어렸을 때부터 신앙심이 깊었고 인류를 사랑하는 마음을 키워왔습니다. 데이비드는 열일곱 살부터 남아프리카공화국에서 일어나는 인종 차별에 반대하는 시위에 참가했습니다. 대학교를 졸업하고 나서는 학교에 잘 적응하지 못하는 학생을 위해 5년간 봉사활동을 하기도 했습니다. 그는 스물일곱 살에 리버풀에서 최연소 하원의원으로 당선되었습니다.

의원이 된 후로도 데이비드는 인권 문제에 관심을 많이 보였습니다. 데이비드는 인권이 탄압받는 수단, 미얀마, 라오스, 콩고 문제에 관심이 많았고, 특히 북한의 인권 문제를 심각하게 생각해 자주 북한을 찾아가기도 했습니다.

상원의원이 된 데이비드는 어느 날 가톨릭 신문을 보다가 눈에 띄는 기사를 발견합니다. 수단의 아이들을 위해 자신의 모든 것을 희생한 이태석 신부님의 이야기였습니다. 데이비드는 이런 사람은 세상에 단 한 명뿐이라고 생각했습니다.

데이비드는 이태석 신부님의 이야기를 다룬 다큐멘터리 〈울지 마 톤즈〉를 구해달라고 서울대학교 천주교 교구에 이메일을 보냈고, 영어 자막도 없는 한글판 〈울지 마 톤즈〉를 구할 수 있었습니다.

우리나라 말을 알아들을 수는 없었지만 데이비드는 이태석 신부님의 마음을 그대로 느낄 수 있었습니다. 이태석 신부님을 그리워하는 모습을 보니 톤즈 사람들에게 이태석 신부님이 얼마나 소중한 존재였는가가 그대로 전해졌습니다.

데이비드는 〈울지 마 톤즈〉를 선물해줘야 할 사람을 떠올렸습니다. 그 사람은 바로 최태복 의장이었습니다. 최태복 의장은 북한의 최고인민회의 의장인데 우리나라의 국회의장과 같은 직책입니다. 데이비드는 상원의원으로서 최태복 의장을 만날 일이 있

었기 때문입니다.

2011년 최태복 의장은 영국을 방문해 데이비드를 만났습니다. 데이비드는 여러 가지 문제를 의논한 후에 〈울지 마 톤즈〉 DVD를 선물했습니다. 데이비드는 DVD를 선물한 이유를 이렇게 말했습니다.

"다른 사람을 위해 자신의 생명을 저버린 사람을 보고 감동을 받기를 원합니다. 힘으로는 모든 것이 해결되지 않습니다."

최태복 의장이 북한으로 돌아가서 〈울지 마 톤즈〉를 보았을까요? 그것은 알 수 없습니다. 어쨌든 이태석 신부님이 남긴 씨앗이 우리나라에 평화로 돌아오고 있는지도 모르겠습니다.

네 번째 씨앗
아케치 이야기

    이태석 신부님의 계시던 톤즈에는 22개의 마을이 있었습니다. 그 중 한 마을의 군수인 아케치 통 알루는 이태석 신부님의 진료소가 유명하다는 이야기를 듣고 찾아갔다가 신부님에게 혼쭐이 난 적이 있습니다.

    알루가 새치기를 했기 때문이죠. 당시 수단에서는 관료들이 줄을 서지 않는 게 당연했습니다. 그런데 이태석 신부님은 단호했죠. 이곳에 오는 아픈 사람은 모두 공평하므로 줄을 서야 한다는 것이었습니다. 알루는 매우 화가 났지만 어쩔 수 없이 줄을 서야 했습니다.

그렇게 줄을 서다 보니 생각이 바뀌기 시작했습니다. 신부님의 말이 맞는다는 것을 깨닫기 시작한 겁니다.

"이봐 거기 줄 서! 군수인 나도 줄을 서고 있잖아!"

다음부터는 줄을 서지 않는 사람을 오히려 꾸짖기까지 했습니다.

이태석 신부님의 잔소리는 끝이 아니었습니다. 알루가 군수라는 사실을 안 다음부터는 더더욱 잔소리가 늘어난 것이죠. 길에서 우연히 마주치면 혼부터 냈습니다.

"마을 사람들을 위해 일하세요."

이태석 신부님이 항상 하던 말이었습니다. 당시는 20년 동안이나 북수단과 남수단으로 갈라져 전쟁을 하고 있던 시절이라 관료가 사람들을 돌본다기보다는 자신을 돌보는 데 더 열중했습니다. 알루도 마찬가지였죠. 잔소리를 하는 이태석 신부님을 만날까 봐 도망을 다니기도 했다고 합니다.

알루는 이태석 신부님 덕에 자신이 무엇을 해야 하는지 알았습니다. 또 알루는 '이태석사랑나눔재단'의 초청을 받아 한국을 다녀가기도 했습니다. 알루는 한국에서 유제품(우유 등으로 만든

제품)을 가공하는 기술을 배웠습니다.

"이태석 신부님은 매우 나이스한 사람이었습니다. 그를 몰랐다면 한국에 올 생각도 하지 못했을 겁니다."

신부님 덕에 한국을 배우고 마을 사람을 위해 무엇을 해야 할지 고민하던 알루는 톤즈의 주지사가 되었습니다. 알루는 이 모든 것이 신부님 덕분이라며 2017년 추운 겨울에 한국을 다시 찾아와 신부님의 묘지에 인사를 드렸습니다.

자신의 잔소리 덕분에 주지사가 돼 톤즈를 보살피게 된 알루를 본다면, 아마도 신부님은 영정 사진에서 그런 것처럼 환하게 웃음을 지어보이실 겁니다.

다섯 번째 씨앗
아미라 이야기

남수단에 살고 있는 아미라는 초등학생입니다. 아미라는 '사회'를 공부하다가 대한민국에서 온 이태석 신부라는 사람을 교과서에서 보았습니다.

'이건 누구지?'

아미라는 궁금했습니다.

교과서에는 "그의 병원은 카톨릭과 개신교, 무슬림을 가리지 않았다. 심지어는 마을을 파괴한 군인들도 치료를 받았다"라고 쓰여 있었습니다.

아미라는 쫄리라는 사람이 더 궁금해졌습니다. 왜 자신과 아무

상관도 없는 우리나라, 수단에 와서 가난한 사람을 돌봐주었지? 우리는 한국이라는 나라도 잘 모르는데 말이야."

아미라는 교과서를 읽었습니다.

"그는 톤즈에 작은 병원을 세웠고, 하루 300명의 환자를 돌봤다. 학교를 지어 수학과 음악을 가르쳤고 80여 개의 마을에 백신을 공급하기도 했다."

아미라는 생각했습니다. '정말 대단한 사람이구나. 아무 관련도 없는 우리를 위해 이런 일을 해주었다니. 나도 쫄리 신부처럼 다른 사람에게 도움이 되는 사람이 될 거야.'

아미라는 집에 가서 엄마에게 말했습니다.

"엄마, 오늘 학교에서 쫄리 신부라는 사람 이야기를 배웠거든요? 정말 훌륭한 사람인 것 같아요."

엄마는 이미 쫄리 신부를 잘 알고 있는 것 같았습니다. 엄마는 아미라의 머리를 쓰다듬어 주었습니다.

"그래, 그렇지. 쫄리 신부님은 매우 특별한 분이시지만, 스스로를 특별하다고 생각하지 않으셨지. 신부님이 원하신 것은 우리가 쫄리 신부님처럼 서로 사랑을 나누고 행복해지는 것이었단다."

150

아미라는 엄마의 얼굴에 미소가 떠오르는 것을 보고 물었습니다.

"엄마는 신부님을 알고 계셨어요?"

"그럼. 신부님이 엄마에게 악기도 가르쳐 주셨는걸? 그건 단지 악기가 아니라 희망이었어. 우리처럼 가난한 사람도 칭찬받는 일을 할 수 있다는 것을 알려주셨으니까 말이야."

"정말, 고마운 분이네요. 저도 쫄리 신부님처럼 다른 사람을 돕는 사람이 돼야겠어요. 아직 무엇이 될지는 모르지만 말이에요, 헤헤."

엄마는 기특한 듯 아미라를 안아주었습니다.

아미라는 그날은 쫄리 신부를 생각하며 기분 좋게 잠들었습니다.

잠든 아미라를 바라보며 엄마는 혼자 기도를 드렸습니다. 이 기도는 하느님께 드리는 기도가 아니라 이태석 신부님께 전하는 말이었습니다.

'신부님 기쁘시지요? 신부님이 살아계셨다면 교과서에 실리는 것을 매우 부끄러워 하셨겠지요. 하지만 신부님이 교과서 실림으로써 우리는 더 많은 희망을 뿌리게 됐어요. 그게 신부님이 바라시던 것이니까, 이제 부끄러워 마시고 그곳에서 크게 웃으세요.'

이 책을 읽은 우리 모두는 낮은 곳에 있는 사람들에게 눈길을 돌렸으면 합니다. 그렇게 조금씩 나누어주는 마음을 가지려고 하다 보면 아마도 가슴 깊은 곳에서 기쁨이 샘솟을 겁니다.

이태석 신부님이 그랬던 것처럼 말이죠.

이태석 신부님은 수단 교과서에 실렸고 외국인으로서는 최초로 수단의 훈장도 받았답니다.

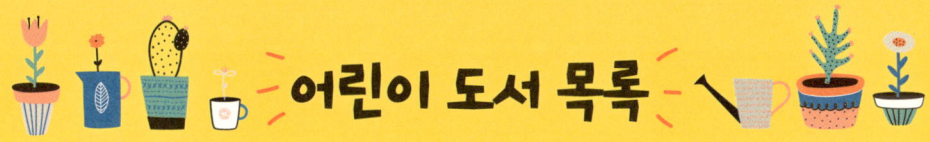

어린이 도서 목록

박지성의 열정, 도전, 전설이 된 축구 이야기

● 경기도학교도서관사서 추천도서 선정

도영인 지음 | 허한우 그림 | 173×225mm | 164쪽 | 14,000원

불리한 신체조건을 극복하고 한국 축구 전설이 된 박지성 이야기. 태극전사 11년, 일본 교토상가FC, 네덜란드 PSV아인트호벤, 영국 맨체스터 유나이티드FC에서의 활약상을 만날 수 있어요.

강영우, 세상을 밝힌 한국최초 맹인 박사

성지영 지음 | 이정헌 그림 | 173×225mm | 136쪽 | 12,000원

가족들을 차례로 하늘나라로 떠나보낸 소년. 이 소년은 설상가상으로 눈까지 멀고 맙니다. 하지만 이 소년은 한국 최초의 맹인 박사는 물론 백악관 공무원까지 되었답니다.

이세돌, 비금도 섬 소년 바둑 천재기사

● 한국어린이교육문화연구원 으뜸책 선정

조영경 지음 | 이정헌 그림 | 188×235mm | 120쪽 | 13,000원

2016년 3월, 인공지능 컴퓨터 알파고(AlphaGo)와 이세돌의 바둑 대국에서 알파고는 4승 1패로 인간 이세돌을 이겼습니다. 이 책에서는 인간 이세돌의 값진 1승과 함께 과학의 발전 그리고 이세돌의 집념과 천재성을 만나볼 수 있습니다.

창의력 CEO 송승환의 멈추지 않는 상상력

송승환 지음 | 양민숙 그림 | 173×225mm | 160쪽 | 13,000원

〈난타〉공연으로 세계적인 명성을 얻고, 평창올림픽 개폐회식 총감독까지 맡은 송승환의 창의력에 대한 이야기를 담고 있어요. 책벌레로 자란 어린 시절부터 배우와 공연연출가로 자신의 꿈을 이루어 간 이야기들을 들려줍니다.

스티브 잡스가 살아서 자동차를 만들었다면

황연희 지음 | 허한우 그림 | 173×225mm | 164쪽 | 12,000원

애플, 매킨토시, 아이폰, 아이패드 등으로 21세기 문화생활을 획기적으로 변화시킨 위대한 혁신가 스티브 잡스의 모든 것을 알려줍니다. 뛰어난 혁신가의 이야기 속에서 어린이 여러분이 앞으로 무엇을 배워 나갈지 발견할 것입니다.

록펠러, 나눔을 실천한 최고의 부자

엄광용 지음 | 김정진 그림 | 173×225mm | 152쪽 | 12,000원

석유 사업으로 세계 최고의 부자가 된 록펠러. 그러나 갑자기 시한부 생명을 선고받은 그를 구원해 준 것은 이웃에 대한 사랑, 나눔의 실천이었습니다. 록펠러 아저씨가 남긴 유산은 지금도 좋은 일에 사용된답니다.

법정스님의 무소유 이야기

조영경 지음 | 최주아 그림 | 173×225mm | 144쪽 | 14,000원

많이 갖는 것이 행복한 것이 아니라 베푸는 것이 행복한 것이라고 실천을 통해 가르쳐 주신 법정 스님 이야기. 무소유, 나눔, 배움, 실천 등 마음을 비우고 베푸는 즐거움을 느껴보세요.

박영석, 세계의 지붕이 된 산사나이

이영준 지음 | 임하라 그림 | 173×225mm | 144쪽 | 12,000원

남극과 북극 그리고 지구에서 가장 높은 산까지. 인간의 손이 닿지 않은 어떠한 곳도 두 발로 걸어간 박영석 탐험대장 이야기가 어린이들의 용기와 모험심을 키워줍니다.

메시, 축구 역사를 새로 쓰는 작은 거인

황연희 지음 | 이정헌 그림 | 173×225mm | 152쪽 | 12,000원

축구를 정말로 사랑하는 소년, 키가 자라지 않는 장애도 그 소년을 막을 수 없었습니다. 오로지 축구 하나만을 바라보고 아르헨티나에서 스페인으로 건너온 소년 메시가 이제 축구의 역사를 새로 쓰고 있습니다.

박찬호의 노력, 끈기, 전설이 된 야구 이야기

임진국 지음 | 허한우 그림 | 173×225mm | 180쪽 | 15,000원

박찬호 선수는 메이저리거가 단 한 명도 없던 대한민국에서 최초로 미국 야구장에 우뚝 서겠다는 꿈을 꾸었습니다. 여러분도 무엇인가를 이루고 싶다면, 박찬호 선수처럼 긍정적으로 믿고 노력하세요.

박태환, 0.01초에 승부를 거는 희망의 마린보이

임진국 지음 | 이정헌 그림 | 188×235mm | 152쪽 | 14,000원

세계에서 출발이 가장 빠른 선수 박태환. 그 박태환 선수도 올림픽에서 부정 출발로 탈락하는 아픔을 겪었습니다. 움츠러들게 하는 약점과 큰 좌절을 극복하고 올림픽 챔피언이 되기까지의 성장이야기가 고스란히 담겨 있습니다.

이승엽, 기록의 사나이 한국 야구의 전설이 되다

● 한국어린이교육문화연구원 으뜸책 선정

임진국 지음 | 이승엽 감수 | 173×225mm | 신국판 변형 | 152쪽 | 14,000원

야구를 좋아하던 장난꾸러기 어린이가 어떻게 아시아 최고의 홈런왕이 되었을까요? 그 비결은 바로 노력입니다. 노력은 결코 배신하지 않는다고 말하는 이승엽 선수의 모습은 어린이들에게 큰 감동을 줄 것입니다.

최경주, 그린 위의 챔피언이 된 완도 섬 소년

유정원 지음 | 허한우 그림 | 173×225mm | 132쪽 | 12,000원

골프장이 커다란 닭장인 줄 알았던 한 소년이 자라나서 세계 최고의 골프선수가 됩니다. 그 모든 것을 이룰 수 있었던 것은 자신과 가족에 대한 믿음이었습니다. 초심을 잃지 않은 최경주 선수의 이야기는 감동과 재미를 줄 것입니다.

116년 만의 올림픽 금메달을 딴 골프 여제 박인비

조영경 지음 | 이정헌 그림 | 188×235mm | 120쪽 | 13,000원

박인비는 LPGA US 여자오픈 최연소 우승을 비롯해 LPGA 17승, 아시아인 최초로 LPGA 투어 커리어 그랜드 슬램까지 훌륭한 성적을 거두었지요. 그리고 최연소로 LPGA 투어 명예의 전당에 오르고 올림픽 금메달까지 땄어요.

박세리, 한국 골프의 전설 희망의 맨발 샷을 날리다

성호준 지음 | 이정헌 그림 | 188×235mm | 160쪽 | 14,000원

IMF시절 온 국민에게 희망을 안겨 준 투혼의 상징, LPGA 대회 25승, 세계 골프 명예의 전당 최연소 입성, 한국 골프의 전설이 된 박세리는 어떻게 대선수가 되었을까요? 이 책에서 그 이야기를 감동적으로 만나볼 수 있습니다.

중국을 움직이는 5개의 별

● 한국어린이교육문화연구원 으뜸책 선정

추정남 지음 | 박승원 그림 | 188×235mm | 160쪽 | 14,000원

현대의 중국을 만들어 온 다섯 명의 지도자 마오쩌둥, 덩샤오핑, 장택민, 후진타오, 시진핑을 만나 볼 수 있어요. 5명의 지도자들이 성장해 온 배경과 이야기를 알아가면서 오늘날의 중국을 이해할 수 있는 지혜를 얻을 수 있답니다.

쉿! 곰마를 구해줘요

● 동물사랑실천협회 추천도서 선정

고정욱 지음 | 전지은 그림 | 173×225mm | 120쪽 | 11,000원

4학년 철진이와 태수는 곰 농장에서 단란한 곰 가족을 발견합니다. 이 곰 가족을 지키기 위해 좌충우돌 감동의 모험이 펼쳐집니다. 동물에 대한 사랑과 어머니의 모정을 느껴보세요.

철가방을 든 천사

엄광용 지음 | 임하라 그림 | 173×225mm | 148쪽 | 11,000원

우리나라에 나눔의 씨앗을 뿌리고 하늘로 올라간 철가방 천사 김우수 아저씨의 이야기가 재미있는 창작동화로 나왔어요. 김우수 아저씨의 아름다운 이야기를 읽으며 모두 진정한 나눔을 배워봐요.

엄마 아빠가 읽었던 지혜 쑥쑥 이솝이야기

성지영 엮음 | 손명자 그림 | 173×225mm | 156쪽 | 13,000원

〈토끼와 거북이〉에서는 누가 경주에 이겼을까요? 포도를 먹지 못한 여우가 등장하는 〈여우와 신 포도〉에는 어떤 교훈이 있을까요? 엄마 아빠가 어렸을 때 읽었던 이솝이야기를 통해 재미와 지혜를 만나 볼 수 있어요.

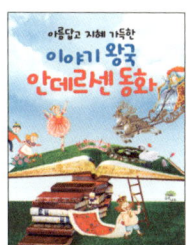

아름답고 지혜 가득한 이야기 왕국 안데르센 동화

최연희 엮음 | 손명자 그림 | 173×225mm | 186쪽 | 13,000원

안데르센 동화는 행복한 왕자와 공주들의 이야기에서부터 어려움을 당하거나, 가난한 사람들의 이야기까지 다양한 이야기가 들어 있어요. 엄마 아빠와 어린이들이 함께 이야기할 수도 있고, 상상력을 키워줄 수 있어요.

할머니가 엄마 아빠에게 들려주었던 전래동화

채 빈 엮음 | 손명자 그림 | 173×225mm | 176쪽 | 13,000원

전래동화는 할아버지, 할머니 그 이전부터 입에서 입으로 전해져 내려온 이야기입니다. 그래서 〈송아지와 바꾼 무〉, 〈의좋은 형제〉, 〈짧아진 바지〉 등을 교과서에 나오는 전래 동화를 읽으며 온 가족이 이야기꽃을 피울 수 있습니다.

난 일기 쓰기가 정말 신나!
● 한국어린이교육문화연구원 으뜸책 선정

조영경 지음 | 이중복 그림 | 173×225mm | 264쪽 | 15,000원

이 책은 일기 쓰기를 힘들고 어려워하는 어린이들에게 재미있고 신나게 일기를 쓰는 법을 알려줍니다. 네 명의 아이들이 겪은 여러 가지 이야기 뒤에 일기를 써넣어 일상의 경험이 어떻게 일기로 쓰이는지 쉽게 알 수 있습니다.

난 독서록 쓰기가 정말 신나!

조영경 지음 | 이중복 그림 | 173×225mm | 188쪽 | 15,000원

책을 읽고 나서 느꼈던 감동과 생각을 재미있게 정리하는 방법들을 알려주는 책이에요. 줄거리쓰기, 마인드맵 그리기, 말풍선으로 표현하기 등 다양한 표현을 통해 독서록을 써나갈 수 있어요.

난 논술 쓰기가 정말 신나!
● 한국어린이교육문화연구원 으뜸책 선정

조영경 지음 | 이중복 그림 | 173×225mm | 200쪽 | 15,000원

논술이란 내 생각을 논리적으로 정리한 글이에요. 근거를 가지고 생각을 정리하면, 친구들이 내 생각을 알 수 있을 거예요. 서로 반대되는 생각을 가지고 있더라도 논술로 상대를 설득할 수 있어요. 이 책은 그 방법을 알려준답니다.

전 세계 엄마 아빠가 읽어주는
지혜 쑥쑥 탈무드

김미정 엮음 | 김서희 그림 | 173×225mm | 184쪽 | 14,000원

유태인의 5천 년 지혜를 모아 놓은 거대한 서적 탈무드를 어린이들이 쉽고 재밌게 만나볼 수 있도록 엮었어요. 12,000쪽의 탈무드 중에서 최고의 정수만 골라 7종류 45가지 이야기로 엮은 지혜의 책이랍니다.

세상에서 가장 재미있는 이야기 50

● 미국판 탈무드 도서

제임스 M. 볼드윈 지음 | 173×225mm | 208쪽 | 9,500원

미국 교과서를 만든 볼드윈 선생님이 인류의 역사 속에 등장하는 가장 재미있는 이야기 50개를 모아놓은 책. 오랜 시간 동안 사람들의 가슴을 울리고 웃긴, 마법 같은 힘을 가지고 있는 재미있는 글모음입니다.

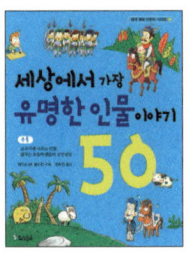

세상에서 가장 유명한
인물이야기 50

제임스 M. 볼드윈 지음 | 173×225mm | 216쪽 | 9,500원

진짜 꽃을 찾아낸 솔로몬 왕, 선원의 꿈을 포기한 조지 워싱턴, 키 작은 이야기꾼 이솝, 시를 처음 써보는 롱펠로, 페달 보트를 발명한 로버트, 아기 새를 구해준 에이브러햄 링컨. 흥미진진하고 지혜로운 이야기들이 들어 있어요.

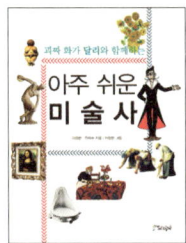

괴짜 화가 달리와 함께 하는
아주 쉬운 미술사

은하수·이경현 지음 | 이정헌 그림 | 173×225mm | 240쪽 | 14,000원

인류는 아주 먼 옛날 처음 지구 위에 등장하던 때부터 미술활동을 해왔다고 할 수 있어요. 미술사는 사람들의 생각과 미술활동이 어떻게 변해왔는지를 살펴보는 분야예요. 이 책은 미술사 공부를 아주 쉽게 할 수 있게 도와준답니다.

닐 암스트롱, 인류 최초로 달에 착륙한 우주비행사

조은재 지음 | 이정헌 그림 | 173×225mm | 152쪽 | 14,000원

인류 최초로 달에 착륙한 우주비행사이자 평생을 겸손하게 살아온 닐 암스트롱 이야기. "한 인간에게는 작은 발걸음이지만 인류에게는 위대한 도약이다" 라는 그의 말처럼, 암스트롱의 업적은 우주를 향한 위대한 도약이랍니다.

외규장각 의궤의 귀환 문화영웅 박병선

● 경기도학교도서관사서 추천도서 선정

조은재 지음 | 김윤정 그림 | 188×235mm | 152쪽 | 14,000원

이 책은 《직지심체요절》이 구텐베르크의 《42행 성서》보다 78년이나 앞선, 세계에서 가장 오래된 금속활자 인쇄본임을 밝히고 외규장각 의궤 297권을 찾아 대한민국에 반환하는 데 혁혁한 공을 세운 박병선 박사의 이야기입니다.

우리 신부님, 쫄리 신부님

● 한국어린이교육문화연구원 으뜸책 선정

채 빈 지음 | 김윤정 그림 | 188×235mm | 136쪽 | 14,000원

가장 가난하고 슬픈 마을인 '톤즈'에 찾아가 자신의 모든 것을 바쳐 나눔을 실천한 이태석 신부님의 이야기입니다. 모두가 외면한 그들에게 신부님의 친구가 되어주었고 이제 영원히 그들의 가슴속에 남았습니다.

한반도 통일열차 세계를 향해 달려요

● 경기도학교도서관사서 추천도서 선정

신석호, 이명혜 지음 | 173×225mm | 164쪽 | 14,000원

이 책은 통일에 대한 어린이들의 궁금증과 우리나라를 둘러싸고 있는 여러 문제들을 한번쯤 깊이 생각하게 해주는 이야기들을 다루고 있습니다. 통일이 되면 달라질 여러 환경을 사진과 함께 살펴볼 수 있습니다.

전 세계 엄마 아빠가 읽어주는
지혜 쑥쑥 탈무드

김미정 엮음 | 김서희 그림 | 173×225mm | 184쪽 | 14,000원

유태인의 5천 년 지혜를 모아 놓은 거대한 서적 탈무드를 어린이들이 쉽고 재밌게 만나볼 수 있도록 엮었어요. 12,000쪽의 탈무드 중에서 최고의 정수만 골라 7종류 45가지 이야기로 엮은 지혜의 책이랍니다.

세상에서 가장 재미있는 이야기 50

● 미국판 탈무드 도서

제임스 M. 볼드윈 지음 | 173×225mm | 208쪽 | 9,500원

미국 교과서를 만든 볼드윈 선생님이 인류의 역사 속에 등장하는 가장 재미있는 이야기 50개를 모아놓은 책. 오랜 시간 동안 사람들의 가슴을 울리고 웃긴, 마법 같은 힘을 가지고 있는 재미있는 글모음입니다.

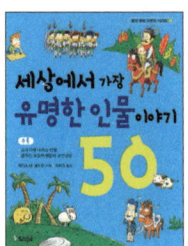

세상에서 가장 유명한
인물이야기 50

제임스 M. 볼드윈 지음 | 173×225mm | 216쪽 | 9,500원

진짜 꽃을 찾아낸 솔로몬 왕, 선원의 꿈을 포기한 조지 워싱턴, 키 작은 이야기꾼 이솝, 시를 처음 써보는 롱펠로, 페달 보트를 발명한 로버트, 아기 새를 구해준 에이브러햄 링컨. 흥미진진하고 지혜로운 이야기들이 들어 있어요.

괴짜 화가 달리와 함께 하는
아주 쉬운 미술사

은하수·이경현 지음 | 이정헌 그림 | 173×225mm | 240쪽 | 14,000원

인류는 아주 먼 옛날 처음 지구 위에 등장하던 때부터 미술활동을 해왔다고 할 수 있어요. 미술사는 사람들의 생각과 미술활동이 어떻게 변해왔는지를 살펴보는 분야예요. 이 책은 미술사 공부를 아주 쉽게 할 수 있게 도와준답니다.

닐 암스트롱, 인류 최초로 달에 착륙한 우주비행사

조은재 지음 | 이정헌 그림 | 173×225mm | 152쪽 | 14,000원

인류 최초로 달에 착륙한 우주비행사이자 평생을 겸손하게 살아온 닐 암스트롱 이야기. "한 인간에게는 작은 발걸음이지만 인류에게는 위대한 도약이다"라는 그의 말처럼, 암스트롱의 업적은 우주를 향한 위대한 도약이랍니다.

외규장각 의궤의 귀환 문화영웅 박병선

● 경기도학교도서관사서 추천도서 선정

조은재 지음 | 김윤정 그림 | 188×235mm | 152쪽 | 14,000원

이 책은 《직지심체요절》이 구텐베르크의 《42행 성서》보다 78년이나 앞선, 세계에서 가장 오래된 금속활자 인쇄본임을 밝히고 외규장각 의궤 297권을 찾아 대한민국에 반환하는 데 혁혁한 공을 세운 박병선 박사의 이야기입니다.

우리 신부님, 쫄리 신부님

● 한국어린이교육문화연구원 으뜸책 선정

채 빈 지음 | 김윤정 그림 | 188×235mm | 136쪽 | 14,000원

가장 가난하고 슬픈 마을인 '톤즈'에 찾아가 자신의 모든 것을 바쳐 나눔을 실천한 이태석 신부님의 이야기입니다. 모두가 외면한 그들에게 신부님의 친구가 되어주었고 이제 영원히 그들의 가슴속에 남았습니다.

한반도 통일열차 세계를 향해 달려요

● 경기도학교도서관사서 추천도서 선정

신석호, 이명혜 지음 | 173×225mm | 164쪽 | 14,000원

이 책은 통일에 대한 어린이들의 궁금증과 우리나라를 둘러싸고 있는 여러 문제들을 한번쯤 깊이 생각하게 해주는 이야기들을 다루고 있습니다. 통일이 되면 달라질 여러 환경을 사진과 함께 살펴볼 수 있습니다.